Hamburg
Früher und Heute

CUNARD
Queen Mary 2

Hamburg
Früher und Heute

KOMET

Inhalt

ST. PAULI-THEATER
POLIZEI

RICKMER RICKMER
GENERALI

Einleitung

Das Tor zur Welt – Mit der Hansestadt Hamburg wird vor allem die Elbe, der Hafen und nicht zuletzt die Reeperbahn assoziiert. Doch die Elbmetropole bietet viel mehr als Hafenrundfahrten und heißes Nachtleben. Das imposante Rathaus, der lebhafte Jungfernstieg, der „Hamburger Michel", die Landungsbrücken, die Speicherstadt, der Fischmarkt, die Liste der Sehenswürdigkeiten Hamburgs ist lang.

Hamburg zählt zu den faszinierendsten Städten des Landes, eine Tatsache, die sie nicht zuletzt ihrer privilegierten Lage zwischen Elbe und Alster zu verdanken hat, deren unzählige Kanäle und Alsterfleete die Stadt durchziehen. So verwundert es kaum, dass Hamburg in puncto Brückenreichtum europaweit an der Spitze liegt – mit rund 2400 Elbquerungen besitzt sie mehr als Amsterdam und Venedig zusammen.

Gewachsen ist Hamburg im Mittelalter als Teil des Städtebundes der Hanse. Der Hafen erlaubte schon damals einen enormen Warenumschlag und hat so den Reichtum der Hansestadt begründet. Bis heute zählt sie zu den wohlhabendsten Städten Europas und befindet sich – vielleicht gerade aus diesem Grund – permanent im Wandel. Dieser vollzieht sich in der Regel hanseatisch zurückhaltend und diskret. Der erste Direktor der Hamburger Kunsthalle Alfred Lichtwark prägte einst das Wort von „Der Freien und Abrissstadt Hamburg", denn schon Sanierungswellen im ausgehenden 19. Jahrhundert und dem beginnenden 20. Jahrhundert gaben der Stadt ein neues Gesicht: Speicherstadt, Mönckebergstraße und Winterhuder Jarrestadt sind nur einige Beispiele dieser Sanierungs- und Neubaumaßnahmen, die nicht selten eine Umsiedlung der Bewohner mit sich brachten. Daneben veränderten vor allem zwei traurige Ereignisse das Bild der Hansestadt: Der Große Brand von 1842, in dem weite Teile der Innenstadt komplett zerstört wurden, sowie die Bombardements des Zweiten Weltkriegs, die Altstadt, Hafenanlagen und viele Stadtteile in Schutt und Asche legten.

Die jeweils folgenden Wiederaufbaumaßnahmen prägen die Optik der Elbmetropole bis heute. In Hamburg wird gebaut, was das Zeug hält. Ein aktuelles Beispiel dafür ist die Hafencity, das größte innerstädtische Stadtentwicklungsgebiet Europas. Die eindrucksvollen Bauten aus Stahl und Glas bieten eine völlig neue Kulisse am Hamburger Hafen. Als weiteres Prestigeprojekt soll die Hansestadt wohl ab 2017 mit der Elbphilharmonie eines der besten Konzerthäuser der Welt erhalten. Sie entsteht auf dem historischen backsteinernen Kaispeicher. Und mit Hamburgs jüngster Attraktion rückt die Geschichte als Auswandererstadt wieder in den Vordergrund: Auf der Veddel, wo der Reeder Albert Ballin einst eine Zwischenstation für Emigranten errichtete, beschäftigt sich das Erlebnismuseum Ballinstadt mit den Schicksalen der Auswanderer. Fünf Millionen Menschen gelangten über den Hamburger Hafen in die Neue Welt. Bereits fertig gestelltes Prunkstück Hamburger Stadtplaner ist der neu gestaltete Jungfernstieg samt der im Oktober 2006 eröffneten Europapassage, dem neuen Einkaufszentrum der Innenstadt. Auch die vielen Stadtteile, die als Dörfer mit eigener Geschichte gewachsen sind, haben ein ganz eigenes Flair.

Am eindrucksvollsten lassen sich die Geschichten von den Veränderungen der Stadt durch packende Bilder erzählen. 70 Bildpaare in diesem Band dokumentieren Wandel und Kontinuität, machen Hamburger Stadtgeschichte lebendig und bieten Stoff zum Nachdenken über die Zukunft. Die eindeutige Sprache, die die einzelnen Bildpaare in ihrem Nebeneinander sprechen, ermöglicht den Blick auf eine verborgene Vergangenheit und lässt die Gegenwart in einem neuen Licht erscheinen. Entdecken Sie Hamburg, wie es vielfältiger und bemerkenswerter nicht sein könnte – früher und heute.

Ein Buch, das nachdenklich macht – Bilder, die uns die Augen öffnen.

Zurück in der Heimat Die 1896 gebaute Segelbark „Rickmer Rickmers" liegt heute als Museumsschiff in Hamburgs Hafen. Der weitgereiste Dreimaster mit seiner charakteristischen Galionsfigur ist ein beliebtes Wahrzeichen der Hansestadt.

Aufgetakelt Hobbykapitäne segeln bei strahlendem Sonnenschein über die Hamburger Außenalster. Im Vordergrund ist eine Figur vom Dach der Kunsthalle zu sehen.

Rund um die Alster

Malerischer See mitten in der City Der Alster haben es die Hamburger zu verdanken, dass Hamburg mit einem Binnensee in seinem Herzen aufwarten kann. Durch die Aufstauung des Flusses Alster, einem Nebenfluss der Elbe, entstand der Alstersee, der sich heute in Außen-, Binnen- und „Kleine Alster" teilt und Heimat der berühmten Alsterschwäne ist. Die kleine Binnenalster, in deren Mitte die weithin sichtbare Alsterfontäne entspringt, wird von den prächtigen Gebäuden des Jungfernstiegs, des Ballindamms und des Neuen Jungfernstiegs gesäumt. Die zahlreichen Cafés rund um die ausgedehnte Außenalster bieten ihren Besuchern einen Logenplatz, von dem aus sie die unzähligen kleinen Segelboote betrachten können, die sich hier nicht nur an schönen Tagen malerisch auf dem Wasser tummeln.

Die Alster

Beständige Lebensader der Stadt

1962 Seit jeher zieht es die Hamburger, wenn sich die ersten Sonnenstrahlen zeigen, an die Alster. Bootsanleger und Cafés am westlichen Ufer geben einen herrlichen Blick auf die gegenüberliegenden Stadtteile Uhlenhorst, Hohenfelde und St. Georg preis. Nur wenige Städte können so wie Hamburg mit einem Binnensee inmitten der Stadt aufwarten. Allerdings: Das Seebecken ist künstlich und entstand erst im 13. Jahrhundert durch Aufstauung des Flusses Alster. Der Alstersee, von den Hamburgern schlicht Alster genannt, teilt sich in Binnen- und Außenalster, ist mehr als 160 Hektar groß und nicht tiefer als 2,50 Meter.

Dorado für Segler Von der Außenalster aus ziehen sich unzählige Kanäle durch die Stadt. Sie werden von begrünten Ufern mit prächtigen Villen, Cafés, Ruder- und Segelclubs gesäumt. Dass Segeln schon immer zu den beliebtesten Sportarten der Hansestadt gehörte, lässt sich eindrucksvoll auf beiden Fotografien erkennen. Vor allem im Sommer kreuzen unzählige weiße Segelboote auf der Außenalster. Wer hingegen die Fleete und Kanäle erkunden möchte, mietet bei einem der Bootsverleihe ein Ruder- oder Tretboot.

Alsterarkaden

Venedig an der Alster seit über 150 Jahren

Um 1890 Zu den herausragendsten Sehenswürdigkeiten der Innenstadt zählen die weiß verputzten Alsterarkaden an der Kleinen Alster. Nach dem Großen Brand von 1842 waren die Häuser zwischen Rathausmarkt und Binnenalster weitestgehend niedergebrannt, sodass dieser Teil der Innenstadt neu gestaltet wurde. Nach Entwürfen des Stadtplaners und Architekten Alexis de Chateauneuf (1799–1853) entstand hier zwischen 1842 und 1846 eine Säulenpassage mit Rundbögen im venezianischen Stil. Schon damals waren in dem historischen Gebäude kleine Geschäfte, Restaurants und Cafés untergebracht, darunter der bis heute ansässige bekannte Hamburger Herrenausstatter Ladage & Oelke. In der Mitte des Blocks wurde die Mellin-Passage errichtet, Hamburgs älteste und – mit ihren aufwendigen Deckenmalereien im Jugendstil – wohl auch schönste Einkaufspassage.

Schwanenquartiere Gegenüber den Arkaden führen breite Treppenabgänge hinab ans Ufer der Kleinen Alster. Auf den Stufen tummeln sich bei gutem Wetter nicht nur jede Menge sonnenhungrige Einheimische. Angelockt von der Aussicht auf Futter bevölkern von Frühling bis Herbst auch die berühmten Alster-Schwäne das Fleet unterhalb der Kolonnaden. Sie werden in der Hansestadt seit über 400 Jahren traditionell gehegt und gepflegt. Ein eigens dafür zuständiger „Schwanenvater" kümmert sich das ganze Jahr über um die majestätischen Wasservögel. Damit die rund 120 Schwäne nicht im Winter auf der zugefrorenen Alster einfrieren, werden sie jedes Jahr bei Winteranbruch an der Rathausschleuse zusammengetrieben und per Boot über die Außenalster in ihr Winterquartier am eisfrei gehaltenen Mühlenteich im Stadtteil Eppendorf gebracht.

Alsterpavillon

Ein Name, viele Gesichter

1903 Zwischen dem Ufer der Binnenalster und dem Jungfernstieg hat der Alsterpavillon seit Jahrzehnten einen prominenten Platz inne. Schon wenige Jahre nach seiner Eröffnung durch den emigrierten adeligen Franzosen Augustin Lancelot de Quatre Barbes (1763–1842) im Sommer 1799 avanciert der Pavillon zum bekanntesten Kaffeehaus der Stadt. Auch der Dichter Heinrich Heine (1797–1856) und der Geigenvirtuose Niccoló Paganini (1782–1840) genossen hier ihren Mokka. Das kleine, hölzerne Gebäude konnte schon wenige Jahrzehnte nach der Eröffnung nicht mehr ausreichend Gäste fassen, sodass 1835 an gleicher Stelle ein neues Kaffeehaus errichtet wurde. Als auch dieses dem Besucheransturm nicht mehr genügte, entwarf der Hamburger Architekt Martin Haller (1835–1925) 1874/75 einen Neubau. Mit der Verbreiterung des Jungfernstiegs musste auch dieser weichen. Der vierte Alsterpavillon eröffnete 1900 und wurde bereits 14 Jahre später durch ein elegantes Café mit Spitzdach ersetzt.

Institution am Jungfernstieg In der Nacht auf den 27. Juli 1943 wurde der Pavillon durch britische Luftangriffe zerstört. Aber der Jungfernstieg war ohne sein traditionelles Café nicht komplett. So entschied man sich 1953 kurzerhand zum abermaligen Neubau. Ein neuerlicher Abriss des Pavillions konnte in den 1990er-Jahren durch eine grundlegende Sanierung verhindert werden. Das halbkreisförmige Gebäude mit Flachdach ist der inzwischen sechste Alsterpavillon. Kaum ein Gebäude der Hansestadt wurde derart häufig dem Zeitgeist angepasst wie er. Eines hat sich allerdings nicht verändert: Bis heute genießen hier Einheimische und Besucher der Hansestadt bei schönstem Blick auf Binnenalster, Alsterdampfer, Jungfernstieg und Stadtsilhouette ihren Kaffee.

Jungfernstieg

Von der Flaniermeile zum Verkehrsknotenpunkt

Um 1900 Ein Blick auf den Prachtboulevard der Hansestadt zeigt auf der linken Seite die Alsterarkaden und rechts die Binnenalster mit den Bootsanlegern und dem beliebten Alsterpavillon. Um 1900 wird das 1799 entstandene Gebäude bereits zum vierten Mal dem Zeitgeschmack angepasst und umgebaut. Auf dem Jungfernstieg promenieren Fußgänger am Ufer und Pferdegespanne befahren die Straße entlang der Häuserfront. Im Hintergrund zeichnen die adretten Bürgerhäuser des Neuen Jungfernstiegs – der 1827 angelegten nördlichen Seitenstraße am Westufer – die Silhouette und in der Mitte der Flaniermeile zieht sich eine Lindenallee durch den Boulevard. Der beschaulichen Idylle zum Trotz deutete sich bereits ab 1807 die Entwicklung der Straße zum geschäftigen Verkehrsknotenpunkt an. 1838 wurde der Jungfernstieg zur ersten asphaltierten Straße Deutschlands. Bis 1901 wurde die Straße verbreitert, eine Straßenbahnstrecke hierher verlegt und eine Landungsbrücke für die Alsterdampfer geschaffen, die seit 1857 den Jungfernstieg im Linienverkehr anliefen.

Der neue Vorzeigeboulevard Der Jungfernstieg heute: Seit 1968 überragt der Fernsehturm unübersehbar die Stadt, und wo einst Kutschen durch die Straßen fuhren, prägt heute reger Autoverkehr das Bild. Dafür scheinen die Anleger am Alsterufer heutzutage nahezu verwaist. Während in früherer Zeit Schiffe einen großen Teil des innerstädtischen Transports übernahmen, erledigen dies heute die beiden 1930 und 1973 entstandenen U-Bahnlinien, die von 1969 bis 1975 gebaute S-Bahn und auch der Bus. Hamburgs bekanntem Boulevard fehlte es lange Zeit an Gemütlichkeit. Mit der Umgestaltung des Jungfernstiegs 2006 änderte sich dies und der einstige Zweck der Flaniermeile wird wieder mehr betont: Die Straßenbreite wurde verringert, die Fußwege verbreitert und hell gepflastert und auch der Alsterpavillon erhielt ein neues Gesicht.

Jungfernstieg

Luxusläden und Konsumtempel im Wandel der Zeit

1913 Der Jungfernstieg ist schon sehr lange Hamburgs Einkaufs- und Promeniermeile Nummer eins: Um das Jahr 1235 zur Wasserkraftversorgung der Getreidemühlen als Alsterdamm errichtet, war die Straße – im Gedenken an den hier um 1270 ansässigen Müller Heinrich Reese – lange Zeit als Reesendamm bekannt. Ab 1648 erhielt sie offiziell den Namen Jungfernstieg – in Anlehnung an die ledigen Töchter reicher hanseatischer Familien, die hier an der Alster mit Vorliebe auf und ab flaniert sein sollen. Die gesamte Häuserzeile vis-a-vis des Alsterufers wurde 1842 beim Großen Brand zerstört. Nach der Neubebauung säumten repräsentative Gebäude mit beeindruckenden Fassaden den Prachtboulevard. Er entwickelte sich zu einem beliebten Standort exklusiver Hotels, in denen vornehmlich Adlige und begüterte Bürger logierten. Nobelster Einkaufstempel am Jungfernstieg ist heute noch das Alsterhaus aus dem Jahr 1912. Der Neorenaissancebau aus rotem Sandstein beherbergte zu Beginn des Jahrhunderts das Hotel „Hamburger Hof" und wurde 1917 nach einem Brand zum Kontorhaus umfunktioniert.

Einkaufsbummel mit historischem Flair Heute sind an der Stelle einst luxuriöser Herbergen elegante Läden eingezogen, in denen sich des Sightseeings müde Touristen und Hamburgs Wohlstandsschicht beim Einkaufsbummel zerstreuen. Entlang des Jungfernstiegs, in den Seitenstraßen der Großen Bleichen und vor allem am Neuen Wall reihen sich Luxusboutiquen, Designerläden und Juweliere aneinander. Auch in den großen Kaufhäusern und Passagen wie dem Hamburger Hof, dem Alsterhaus und dem Hanse-Viertel dreht sich alles um Kauf und Verkauf. Jüngstes Prestigeprojekt Hamburger Stadtplaner ist die Jungfernstiegneugestaltung samt der im Oktober 2006 eröffneten Europapassage, mit der die Innenstadt ein neues Einkaufszentrum erhielt.

Chopard
RENÉ LEZARD
REN
Schwarzkopf
GAS

Ballindamm

Neuer Shoppingtempel zwischen alten Kontorhäusern

1913 Stattliche Kontorhäuser säumen den Alsterdamm am östlichen Ufer der Binnenalster. Bei einem Blick vom Jungfernstieg aus sind das Europahaus und der dahinter emporragende Turm der St. Petrikirche zu erkennen. Der Alsterdamm wurde nach dem Großen Brand im Jahr 1842 angelegt und verbindet Jungfernstieg und Glockengießerwall. Etwa in der Mitte der Uferstraße entstand im Jahr 1903 das beeindruckende Verwaltungsgebäude der heutigen Hapag-Lloyd-Gesellschaft. Der Generaldirektor der früheren Hamburg-Amerikanische Packetfahrt-Actien-Gesellschaft (HAPAG), Albert Ballin (1857–1918), hatte die HAPAG seinerzeit zur größten Reederei der Welt aufgebaut, sodass 1947 nach ihm der Alster- in Ballindamm umbenannt wurde. Anlässlich des 150-jährigen Bestehens der Hapag-Lloyd im Jahr 1997 erhielt zudem ihm zu Ehren das Hapag-Gebäude den Namen „Ballin-Haus".

Umgestaltung Die gleiche Perspektive fast ein Jahrhundert später: Die geschlossene Reihe von Kontorhäusern am Ballindamm wird von der im Oktober 2006 eröffneten Europapassage unterbrochen, die mitsamt dem neu gestalteten Jungfernstieg das jüngste Prunkstück der Hamburger Stadtplaner ist. Passanten gelangen durch den Eingang am Ballindamm in das fünfgeschossige neue Einkaufszentrum, dessen 21 Bögen an die Form eines Schiffs erinnern sollen und für das unter anderem das Europahaus weichen musste. Die 160 Meter lange Shoppingpassage liegt mitten in der Innenstadt und verbindet die großen Einkaufsboulevards Mönckebergstraße und Jungfernstieg. Im Inneren entdeckt man hingegen nur wenige Highlights: Die 110 Geschäfte, Restaurants und Cafés unterscheiden sich nicht wesentlich von denen anderer Großstädte.

Hafenfest mit Königin Mehrere hunderttausend Besucher des Hamburger Hafengeburtstags beobachten 2006 das Eindocken der „Queen Mary 2". Die Ankunft des Ozeanriesen galt als eine der Hauptsensationen während der dreitägigen Party zum 817. Hafengeburtstag.

An der Elbe und am Hafen

Der Duft der weiten Welt Hamburgs Lebensader ist die Elbe und das wirtschaftliche Herz der Stadt ist der Hafen. Hier pulsiert das Leben: Schuten und Fähren schippern durch das Hafenbecken und an den Landungsbrücken machen Barkassen zu Ausflügen fest. Die schon im Mittelalter bedeutende Hanse- und Handelsstadt besitzt heute den größten deutschen Seehafen und zählt zu den wichtigsten Containerhäfen der Welt. Am besten lässt sich Hamburgs „Tor zur Welt" auf einer Hafenrundfahrt erkunden. Passiert man die modernen Hafenanlagen, die imposanten Containerschiffe und die Schwimmdocks, in denen oftmals auch Ozeanriesen während ihrer Wartung zu bestaunen sind, ist das Hamburger Lebensgefühl am eindrucksvollsten spürbar.

Fischauktionshalle

Hochwasser im neuen Eventzentrum

2005 Nach einer Party-Nacht auf der Reeperbahn zieht es Hamburger und Touristen am frühen Sonntagmorgen beinahe schon magisch gen Hafen: Der Fischmarkt wartet! Entlang der Elbe heißt es dann bummeln, staunen, kaufen. Anschließend geht's weiter zum Frühschoppen in die historische Fischauktionshalle. Der imposante Bau im Ortsteil Altona wurde zwar erst im Jahr 1896 gebaut, mit Fischwaren wurde hier jedoch schon seit dem 16. Jahrhundert gehandelt. Der nach den Zerstörungen im Zweiten Weltkrieg sanierte Bau des Altonaer Fischmarkts, der dem Urtyp einer römischen Markthalle, also einer dreischiffigen Basilika, entspricht, prägt bis heute die Silhouette des Bezirks Altona.

Auf Überschwemmung eingerichtet Anfang November 2006 ziehen Herbststürme mit einer Geschwindigkeit von bis zu 156 Stundenkilometern über ganz Norddeutschland hinweg. Besonders im Küstenbereich richtet Tief „Britta" heftige Schäden an. Die für Hamburg angekündigte schwere Sturmflut fällt zwar weniger schlimm aus als zunächst angenommen, doch die tiefer gelegenen Ufergebiete wie Hafencity und Fischmarkt werden überschwemmt. Doch die Stadt ist hochwassererfahren, sodass bei Sturmflutwarnungen entsprechende Schutzmaßnahmen eingeleitet werden können. Auch die hiesigen Bauten sind zum Teil auf das wiederkehrende Elbhochwasser eingestellt und speziell konstruiert – so auch die elbnahe Fischauktionshalle: Bei Sturmfluten kann das Elbwasser durch Öffnungen in den Toren hinein- und wieder herauslaufen, sodass die Schädigung der Bausubstanz minimiert werden kann.

Der Fischmarkt

Altonaer Auktionshalle ersetzt den abgerissenen St. Pauli-Fischmarkt

1981 Auf dem traditionellen St. Pauli-Fischmarkt am Ufer der Elbe wird gebaut. Wo einst die Fischhändler ihre Ware an den Mann brachten, entsteht eine Straße. Verzichten müssen die Hamburger auf ihren Fischmarkt gleichwohl nicht: Ende des 19. Jahrhunderts besitzen Hamburg und das benachbarte eigenständige Altona jeweils eine eigene Fischhalle. Die Altonaer Auktionshalle, ein Stück weiter westlich des St. Pauli-Fischmarkts gelegen, wurde 1895/96 erbaut. In Konkurrenz zum traditionsreichen Altonaer Fischmarkt mit seiner herrlichen alten Fischauktionshalle entstand bereits drei Jahre später und nur wenige Meter entfernt die Halle im Stadtteil St. Pauli. Beide Bauten wurden jedoch durch die Bombardements im Zweiten Weltkrieg schwer beschädigt. Während man die Fischhalle in St. Pauli nach einer Sturmflut im Jahr 1976 abriss, wurde die Altonaer Halle restauriert.

Touristenattraktion mit Monopolstellung
Ein Bummel über den mittlerweile einzigen Hamburger Fischmarkt ist ein Muss für jeden Hamburgbesucher. Wenn die Sonne über der Stadt aufgeht, erwacht das Leben auf Hamburgs legendärem Markt an der Großen Elbstraße. Jeden Sonntagmorgen zwischen 5.00 und 9.30 Uhr schreien mehr als 700 Händler auf dem Markt um die Wette. Und auch wer vom Treiben der Samstagnacht noch nicht genug hat, kann in der Fischauktionshalle, einem beliebten Kultur- und Eventzentrum mit Livemusik, noch ein Bier trinken oder sich zum Frühschoppen mit Freunden treffen.

Der Fischmarkt

Bummel mit Ausblick

1980 Der St. Pauli-Fischmarkt an der Elbe erhält ein neues Gesicht. Wo im 18. Jahrhundert Fischer ihren frischen Fang anboten, hielt in den 1970er- und 1980er-Jahren die Abrissbirne Einzug. Von der historischen Hafenrandbebauung blieben nur wenige Gebäude erhalten. Bereits im Juli 1943 waren viele Häuser rund um den Fischmarkt durch Bomben zerstört worden. In den 1950er-Jahren kaufte die Stadt Hamburg die noch erhaltenen Häuser entlang des St. Pauli-Fischmarkts und ließ sie verfallen. Die Hamburger Fischhalle aus dem Jahr 1898 wurde abgerissen. Der Fischmarkt wurde saniert und die Elbpromenade St. Pauli-Fischmarkt entstand. Auch der Fischmarktbrunnen von 1742 wurde im Zuge dessen restauriert und 1989 um eine Statue des Kieler Bildhauers Hans Kock, die die Göttin Minerva – Schutzherrin der Städte, des Handels und des Handwerks – zeigt, ergänzt.

Geschäftiges Treiben nicht nur an Land Heute preist hier der legendäre Aale-Dieter lautstark seine geräucherten Köstlichkeiten an, Bananen werden durch die Luft geworfen, Tüten voller Obst und Pflanzen aller Art wechseln ihre Besitzer und vom Dock 11 der Schiffswerft Blohm + Voss dringt bisweilen das Hämmern der Werftarbeiter ans andere Elbufer. Ein Katamaran bahnt sich seinen Weg über die Elbe nach Helgoland, HADAG-Fähren schippern zwischen den Anlegern und Barkassen drehen ihre Hafenrunden – das ist die Kulisse für den Hamburger Fischmarkt. Auch wenn das Markttreiben heute vornehmlich zum Touristenspektakel geworden ist – als Abschluss einer St. Pauli-Tour in den Morgenstunden übt der Fischmarkt auch auf alteingesessene Hamburger noch seinen besonderen Reiz aus.

St. Pauli-Landungsbrücken

Entwicklung zur Touristenattraktion

1913 Schon damals ein bekanntes Panorama Hamburgs: Die St. Pauli-Landungsbrücken an der Elbe. 1839 als Anleger für die großen Dampfschiffe gebaut – damals noch wegen der Brandgefahr durch die Kohlebefeuerung der Schiffsöfen am Hafenrand – wurde der Anleger samt Abfertigungsgebäude ab 1907 zu einem schwimmenden Schiffsbahnhof und erhielt mit einem markanten Kuppelgebäude ein neues Gesicht. Der Bau diente als Wartehalle für Fahrgäste mit Überseepassage. Berühmte Schiffe wie die der HAPAG-Linien brachten allein in der Zeit von 1850 bis 1934 rund 5 Millionen Auswanderer in alle Teile der Welt. Am westlichen Ende der Landungsbrücken befindet sich seit 1911 der Eingang zum Alten Elbtunnel. Zur anderen Seite begrenzt der weithin sichtbare Pegelturm das Gebäude. Neben der Uhrzeit zeigt er auch den Wasserstand der Elbe an. Nach Zerstörungen im Zweiten Weltkrieg wurde die Pontonmeile in der Zeit zwischen 1953 und 1955 neu gestaltet.

Beliebtes Ausflugsziel An sonnigen Tagen flanieren heute zahlreiche Einheimische und Touristen über die Promenade, begleitet von Schifferklaviermusik und den stetigen Rufen der Barkassenschiffer in schönstem Hamburger Plattdeutsch. Längs der Meile passiert man Souvenirshops, Fischlokale und Hafenkneipen, von den Bänken am Hafenrand aus lassen sich herrlich der Schiffsverkehr auf der Elbe und die imposanten Container- oder Kreuzfahrtschiffe in den Docks auf der anderen Uferseite beobachten. Wegen des Auf und Abs der Gezeiten führen nur beweglich gebaute Brücken vom Festland zu den schwimmenden Pontons der 688 Meter langen Anlegestelle. Hier legen heute Ausflugsdampfer und Barkassen zu Hafenrundfahrten ab, Katamarane machen zur Fahrt nach Helgoland klar und die HADAG-Linienschiffe verkehren nach Finkenwerder und Övelgönne.

Sturmflut 1962

Die größte Hochwasserkatastrophe der Stadtgeschichte

1962 Ein Junge trägt am Nachmittag des 16. Februar 1962 ein Kind auf dem Rücken über die überschwemmte Straße an den Vorsetzen. Zu diesem Zeitpunkt war das Wasser fast auf drei Meter über Normalnull gestiegen und überflutete die ersten Straßen nahe der Elbe. Die Hamburger waren zwar an Überschwemmungen gewohnt, in der Nacht auf den 17. Februar jedoch ereignete sich eine Hochwasserkatastrophe in bisher ungekanntem Ausmaß. Das Unglück traf die Hamburger völlig überraschend, denn in den Wetternachrichten war lange Zeit keine Warnung verlautet. Erst gegen 20 Uhr gab das Deutsche Hydrographische Institut eine Sturmflutwarnung heraus: Es drohte ein Hochwasser mit einem Pegelstand von mehr als 4,70 Metern über Normalnull. Ein derartiges Flutereignis hatte es seit mehr als 100 Jahren nicht mehr gegeben. Das zunächst scheinbar ungefährliche Hochwasser, das am Nachmittag des 16. Februar 1962 einsetze, entwickelte sich im Lauf der folgenden Nacht zu einer wahren Katastrophe: Eine große Flutwelle schob sich von der Nordsee kommend in Richtung Hamburg. Bis zwei Uhr nachts meldeten die Einsatzkräfte mehr als 50 Deichbrüche.

Leben wie üblich Heute scheint das Unglück an der Elbe vergessen und der alltägliche Stadtverkehr bahnt sich am einstigen Schauplatz der Katastrophe wie üblich seine Wege. Nichts erinnert mehr an die vernichtende Flut, die vor mehr als 50 Jahren rund 20 Prozent des Stadtgebiets überschwemmt hatte und in der der Stadtteil Wilhelmsburg mit seinen 80 000 Einwohnern regelrecht im Wasser versank. Als Koordinator der rund 20 000 Rettungskräfte hatte sich der damalige Hamburger Innensenator Helmut Schmidt ausgezeichnet. Durch sein umsichtiges Handeln konnte der spätere Bundeskanzler eine noch größere Katastrophe verhindern. Trotzdem kamen in dieser Nacht 315 Menschen ums Leben, da die meisten Hamburger von den gewaltigen Wassermassen im Schlaf überrascht wurden. Strom und Licht fielen aus und viele der vom Wasser eingeschlossenen Menschen saßen bei Temperaturen um den Gefrierpunkt durchnässt auf ihren Dächern oder in Rettung versprechenden Bäumen.

Alter Elbtunnel

Durchbruch und Durchmarsch

1910 Mit eindrucksvollen Feierlichkeiten begehen die Hamburger am 29. März den Durchbruch des Osttunnels in St. Pauli. 1911 ist es dann so weit: Die Hanseaten konnten erstmals die Elbe unterqueren. Über zweieinhalb Jahre liegt der erste Spatenstich auf der anderen Flussseite in Steinwerder zurück. Der Bau, an dem etwa 4400 Männer arbeiteten, ist seinerzeit ein Meisterwerk der Ingenieurskunst. Die schwere Arbeit unter Tage fand unter erhöhtem Luftdruck statt, um eindringendes Wasser zurückzuhalten. 689 Arbeiter erkrankten, drei starben während des Baus. Ein Kuppelbau an den Landungsbrücken markiert bis heute den Eingang zu den beiden im Stil der Wende zum 20. Jahrhundert gekachelten Tunnelröhren. Hier werden Fußgänger, Fahrradfahrer und Autos in vier großen Lastaufzügen 23,5 Meter in die Tiefe transportiert. Nach 426,5 Metern unter der Elbe gelangt man wieder ans Tageslicht.

Marathon unter Wasser Nach dem Werftensterben in den 1970er- und 1980er-Jahren sowie dem Bau neuer Brücken und des neuen Elbtunnels ist der Alte Elbtunnel inzwischen verkehrstechnisch bedeutungslos. In Betrieb ist er jedoch bis heute. Inzwischen nutzen ihn nicht nur Passanten, Autos und Fahrräder, auch die Sport- und Eventszene hat die besondere Atmosphäre unter Tage entdeckt. Seit dem Jahr 2000 wird immer am letzten Sonntag im Januar der jährliche Elbtunnel-Marathon veranstaltet. Die maximal 280 Teilnehmer müssen für die Marathonstrecke 48 Runden durch die Tunnelröhren unter der Elbe absolvieren. Damit zählt der Elbtunnel-Marathon zu den wenigen Langstreckenläufen weltweit, die unterirdisch stattfinden.

Blohm + Voss

Geburt einer Traditionswerft

1877 Am 5. April gründeten die Unternehmer Hermann Blohm (1884–1930) und Ernst Voss (1842–1920) die Blohm + Voss Schiffswerft und Maschinenfabrik auf einem Pachtareal auf der Hamburger Elbinsel Kuhwerder. In der Folgezeit entstanden hier viele legendäre Schiffe wie die Viermast-Stahlbark Pamir (1905), das weitgereiste Segelschulschiff Gorch Fock I. (1933), der Luxusdampfer Cap Arcona II. (1927) und das bekannte Fahrgastschiff Wilhelm Gustloff (1937). Nachdem die Werft nach dem Zweiten Weltkrieg durch die britischen Besatzungstruppen geschlossen und demontiert worden war, erhielt das Unternehmen in den 1950er-Jahren schrittweise wieder die Erlaubnis zu Schiffsreparaturen und -bau. Nach der Wiederinbetriebnahme des Docks Elbe 17 Ende 1967 verfügten Blohm + Voss über eines der größten Trockendocks in Europa.

Luxusliner im Trockendock Wer heute eine Hafenrundfahrt unternimmt, passiert auch die Docks mit den großen Lettern der Traditionswerft. Vor allem im berühmten Dock Elbe 17 gegenüber den Landungsbrücken kann man die Ozeanriesen unserer Zeit bewundern, wenn sie zu Reparaturzwecken einen Zwischenstopp in der Hansestadt einlegen. Zu den bekanntesten dieser Kreuzfahrtschiffe gehören die „Freedom of the Seas" und die „Queen Mary 2". Daneben werden heutzutage aber auch immer mehr Yachten auf dem Werftgelände gebaut und gewartet.

Queen Mary 2
SOUTHAMPTON
CUNARD
BLOHM+VOSS

Hamburgs Hafen

Die Schiffe werden immer größer

1979 Auf der Elbe pulsiert das Leben. Schuten und Fähren schippern durch die Hafenbecken und an den Landungsbrücken machen Barkassen zu Hafenrundfahrten fest. Vom Wasser aus lassen sich die vielen Facetten der Stadt besonders gut entdecken: die Stadtkulisse mit ihren Kirchtürmen, Schiffsreparaturen in den Docks, stattliche Kreuzfahrtschiffe, die auf große Fahrt gehen – all das vermittelt am Hamburger Hafen immer wieder aufs Neue den Duft von fernen Ländern. Da verwundert es nicht, dass auch die Erfindung der Kreuzfahrt einem Hamburger zugeschrieben wird: dem Reedereiunternehmer Albert Ballin (1857–1918). Der damalige Generaldirektor der 1847 gegründeten Hamburger Schifffahrtsgesellschaft Hapag schickte im Jahr 1891 erstmals einen Schnelldampfer auf Vergnügungsfahrt ins Mittelmeer. Damals wie heute können einige der Ozeanriesen mit großem Tiefgang den Hafen nur bei Flut anlaufen, da der Hambuger Hafen ein Tidehafen ist, machen sich hier die Gezeiten bemerkbar. Nachdem die Fahrwassertiefe bereits bis ins Jahr 1897 innerhalb von 40 Jahren von 3 auf 6 Meter erhöht worden war, wurde 1921 ein Staatsvertrag mit der Stadt Hamburg abgeschlossen, die durch diesen bis heute verpflichtet ist, die Wassertiefe der Fahrrinne den immer größeren Schiffen anzupassen, sodass diese den Hafen bei Hochwasser anlaufen können.

Besuch der Königin Majestätisch gleitet der Luxusliner Queen Mary 2 an der Kulisse Hamburgs vorbei. Das mit 345 Metern bis dato längste Kreuzfahrtschiff der Welt begibt sich im November 2005 zur Wartung ins Dock der Traditionswerft Blohm + Voss. Die Ankunft der Queen Mary 2 in Hamburg ist jedes Mal ein Riesenspektakel, zu dem Tausende von Schaulustigen die Elbufer säumen. 56 Seemeilen – das sind 104 Kilometer – hat sie von der Elbmündung an der Nordsee bis nach Hamburg zurückgelegt. Die neue HafenCity am Nordrand des Hamburger Hafens macht Hamburg mit einem neuen Terminal auch für Kreuzfahrtschiffe noch attraktiver. Insgesamt laufen seit den letzten Jahren jährlich über 11 500 Seeschiffe aus über 90 Staaten die Stadt an. Schlepper, Hafen- und Elblotsen sorgen für den reibungslosen Ablauf im Hafen, Baggerschiffe gewährleisten heute eine Mindestwassertiefe von 13 Metern. Die Stadt plant zudem, die Elbe auf 15,5 Meter Fahrwassertiefe auszubauen.

Queen Mary 2
CUNARD

Hamburgs Hafen

Aus der Hansestadt in die weite Welt

1895 Die Menge an Schuten und Windjammern am Hamburger Hafen lässt bereits erahnen, dass die Hansestadt schon damals ein reger Umschlagplatz für Güter aus aller Welt war. Hamburgs erster Hafen war ein kleiner Port mit einem 120 Meter langen Holzanleger am später zugeschütteten Reichenstraßenfleet, einer Verbindung zwischen Alster und Bille, im 9. Jahrhundert. Die Entwicklung des heutigen Hafens begann 1188 am Nikolaifleet, die offizielle Geburtsstunde des Hamburger Hafens ist der 7. Mai 1189. Mit dem Beitritt zur Hanse im 14. Jahrhundert hatte sich Hamburg zu einer wichtigen Hafenstadt entwickelt. In den folgenden Jahrzehnten dehnte sich das Hafenareal immer weiter nach Süden aus. Noch 1842 war der Hafen die Heimat von etwa 200 Seeschiffen, im Jahr 1893 betrug deren Anzahl bereits 631. Als Mitte des 19. Jahrhunderts der Schiffsverkehr rasch anstieg und Dampfer die alten Segler ersetzten, begann ein weiterer Ausbau der Hafenanlagen. Enorme Mengen an Rohstoffen wurden über den Hamburger Hafen importiert und fertige Produkte exportiert. Zudem nahm in dieser Zeit auch der Personenverkehr seinen Anfang und Auswanderer gelangten über die Hansestadt in die Neue Welt.

Geburtstagsfeier eines Welthafens Im Jahr 2006 präsentiert sich der Hamburger Hafen zu seinem 817. Geburtstag vor einer beeindruckenden Kulisse: Beleuchtete Boote gleiten über die Elbe, auf der Südseite des Flusses blinken die Lichter der Hafenterminals und an der Überseebrücke erstrahlen an den 50 Meter hohen Masten des Museumswindjammers „Rickmer Rickmers" Lichterketten. Dahinter liegt, an einem der äußeren Pontons fest vertäut, die hell erleuchtete „Cap San Diego", einer der letzten erhalten gebliebenen Stückgutfrachter. Jedes Jahr Anfang Mai wird mit dem Hafengeburtstag die Unterzeichnung des Freibriefs Kaiser Friedrich I. Barbarossas aus dem Jahr 1189 gefeiert. Dieser garantierte den Hamburgern Zoll- und Abgabefreiheit auf dem Elbweg von Hamburg bis zur Nordsee. Zur Feier dessen strömen heute jährlich wahre Menschenmassen auf die Hafenmeile zwischen Speicherstadt und Fischauktionshalle.

Gruner + Jahr

Ein Verlag verändert das Gesicht der Stadt

1987 Am 18. September wurde am Baumwall nahe den Landungsbrücken der Grundstein für das neue Gebäude des Gruner + Jahr Verlags gelegt. Der 87-jährige Verlagsgründer John Jahr führte hierfür den symbolischen Hammerschlag. Mit dem Zusammenschluss der Verleger John Jahr und Gerd Bucerius mit dem Druckereibesitzer Richard Gruner war 1965 die Gruner + Jahr GmbH & Co. KG entstanden. Im Zuge dessen wurde auch die 1948 gegründete Zeitschrift „Stern" aus dem Henri-Nannen-Verlag in den Konzern integriert. Das Magazin ist bis heute eines der Aushängeschilder des Konzerns.

Das „Verlagsschiff" Seit der Fertigstellung des Verlagshauses im Jahr 1990 dominiert der große, graue Bau die Kulisse am Hamburger Hafenrand. Das Gebäude mit seiner Außenhaut aus Aluminium wirkt mit seinen Bullaugen-Fenstern, den gewundenen Außentreppen und den relinggleichen Balkonen wie ein stilisierter Ozeanliner, der jeden Moment in See stechen könnte. Winzig klein wirkt dagegen zu Füßen des „Verlagsschiffs" das Gebäude des Schiffsausrüsters Schmeding, der sich trotz lohnender Angebote geweigert hatte, sein Grundstück an den Verlag zu verkaufen. Mit rund 285 Zeitschriften und Zeitungen in 24 Ländern – darunter auch die Magazine „Geo", „Gala" und „Brigitte" –, rund 14 500 Mitarbeitern und einem Umsatz von 2,86 Milliarden Euro im Jahr 2006 ist die Gruner + Jahr AG & Co. KG heute Europas größtes Druck- und Verlagshaus.

Kehrwieder
Vom Kaiserspeicher zur Elbphilharmonie

Vor 1963 Mit Barkassen gelangen Hafenarbeiter zu ihren Arbeitsstätten in den Hamburger Werften und Schuppen, während sich im Hintergrund der imposante Kaiserspeicher A erhebt. Das Speichergebäude auf dem Kaiserhöft zwischen Sandtor- und Grasbrookhafen diente hauptsächlich der Lagerung von Kakao und Kaffee aus Übersee. Lange Zeit galt der 1875 errichtete Backsteinbau, den alle ein- und auslaufenden Schiffe passieren mussten, mit seinem markanten Turm als das Wahrzeichen des Hamburger Hafens. Einmal täglich waren alle Augen auf ihn gerichtet, wenn um Punkt 12 Uhr die von der Sternwarte am Millerntor ausgelöste Zeitballanlage in Gang gesetzt wurde. Der auf dem Turm an einem Gerüst befestigte Zeitball von einem Meter Durchmesser wurde, damit die im Hafen liegenden Schiffe danach ihre Chronometer stellen konnten, weithin sichtbar nach unten fallen gelassen. Da die Anlage durch modernere Techniken ihre Funktion verlor, fiel der Zeitball im Jahr 1934 zum letzten Mal.

Ende eines Schifffahrtsymbols Zwar wurde der Kaiserspeicher im Zweiten Weltkrieg nicht vollständig zerstört, dennoch entschloss man sich zum Abriss des symbolträchtigen Gebäudes. Am 26. Februar 1963 wurde der 50 Meter hohe Turm gesprengt. An seine Stelle trat der monumentale Kaispeicher A, der 1963 bis 1966 nach Plänen des Hamburger Architekten Werner Kallmorgen (1902–1979) errichtet wurde. Der schlichte Bau war zwar optisch weit weniger ansprechend als sein Vorgänger, seinen Zweck erfüllte er dennoch: Bis zum Ende des 20. Jahrhunderts diente er als Lagerhaus für Tee und Tabak.

Neues Wahrzeichen Majestätisch reckt sich am Kaiserhöft die Elbphilharmonie in den Himmel. Auf den entkernten backsteinernen Kaispeicher A wurde eine riesige, in der Spitze 110 Meter hohe Glaskonstruktion gesetzt. Nicht nur die Konzertsäle der Philharmonie, sondern auch 45 Wohnungen und ein Hotel finden in dem gewaltigen Bau Platz. Im Großen Saal zwischen dem 12. und 17. Obergeschoss mit seiner spektakulären „Weinberg-Architektur" können 2150 Musikbegeisterte den Konzerten lauschen. Über eine geschwungene, 82 Meter lange Rolltreppe kann jedermann auf die sogenannte „Plaza" in 37 Metern Höhe gelangen, von der aus sich der atemberaubende Rundumblick auf Hafen, Elbe und Stadt öffnet. Die Elbphilharmonie ist nicht nur ein spektakuläres neues Wahrzeichen Hamburgs, sondern auch einer der größten Bauskandale der jüngeren Vergangenheit. In den ersten Berechnungen der Baukosten wurden 77 Mio. Euro veranschlagt, die sich im Laufe der Jahre mehr als verzehnfachten, und die Fertigstellung dauert voraussichtlich dreimal so lange wie ursprünglich angekündigt.

Die HafenCity entsteht

Neues Leben am Kaiserkai

1913 Schon im Zuge der Hafenerweiterung ab den 1860er-Jahren begann am Hamburger Hafen eine Zeit der Veränderung. Ein Anschluss des Dampfschiff- und Eisenbahnverkehrs an die Nordsee sollte entstehen, beidseitig der Elbe wurden Kaianlagen und Schuppen errichtet. Der Hafenausbau als offener Tidehafen nach den Plänen des Wasserbaudirektors Johannes Dalmann hatte weitreichende Folgen für die hier ansässigen Werften – sie wurden enteignet und umgesiedelt, um Platz für die Baumaßnahmen zu schaffen. Eine dieser Werften war die seit Jahrhunderten auf dem Großen Grasbrook ansässige Werft Johns, die im Zuge der Hafenbauarbeiten weichen musste. Sie war namensgebend für die Johns'sche Ecke, eine markante Stelle am Hamburger Hafen, die bei den Arbeiten begradigt wurde, um die Einfahrt in den Grasbrook-Hafen zu vergrößern. So entstand eine Kaizunge in der Verlängerung des Kaiserkais, der Kaiserhöft. 1872 wurden die Kaianlagen aus Klinkermauern am südlichen Kaiserkai als direkte Anlegestelle für die Seeschiffe – mit Krananlagen und Eisenbahnanschluss – fertiggestellt. 1872 wurden auf dem Kaiserkai erstmals Waren direkt vom Schiff auf die Eisenbahn umgeladen – damals das modernste Umschlagsystem weltweit.

Wandel einer Industriegegend 1913, als Hamburg die Eine-Million-Einwohner-Grenze durchbrach, war der Hamburger Hafen der wichtigste Europas und der drittgrößte weltweit. Die größten Schiffe der Welt legten hier an. Dieser Aufschwung wurde durch den Zweiten Weltkrieg jäh gestoppt, als 80 Prozent der Hafenanlagen durch die Bombardements der Jahre 1944/45 zerstört wurden. Blickt man allerdings heute am Elbufer beim Kaiserkai auf die Speicherstadt, sieht man erneut eine Stadt im Aufbruch und Wandel. An dem herrlichen Blick auf die Elbe mit ihrem regen Schiffsverkehr hat sich vergleichsweise wenig geändert, architektonisch dagegen viel, wenn nicht alles. Mit dem Bau der HafenCity zwischen der Elbinsel Kehrwieder und den Elbbrücken ab 2004, das eines der ambitioniertesten Städtebauprojekte der Gegenwart ist, erhielt Hamburg ein neues Gesicht. Mit dem Marco-Polo-Tower am Strandkai wurde 2010 ein neuer Blickfang fertiggestellt, die am Kaiserkai in die Elbe ragende Galionsfigur des mehr als zwei Quadratkilometer großen Areals, das völlig von Fluss- und Kanalläufen eingeschlossen wird, ist jedoch die spektakuläre Elbphilharmonie.

HafenCitys neue Großbauten
Ein Stadtviertel entsteht

2007 Zwischen Elbbrücken und Kehrwiederspitze wird gebaut – und zwar am Projekt HafenCity. Im Rahmen eines der größten Stadtentwicklungsprojekte Europas entsteht im Bezirk Hamburg-Mitte auf 157 Hektar Fläche ein neuer Stadtteil. Erste Planungen für das Bauprojekt auf dem Großen Grasbrook begannen schon Anfang der 1990er-Jahre. Am 20. August 1997 wurde die Errichtung der HafenCity von der Hamburger Bürgerschaft beschlossen. Mit dem ersten Spatenstich am 9. April 2001 fällt der Startschuss für ein großangelegtes Bauprojekt, bei dem rund 6000 Wohnungen und 40 000 Arbeitsplätze, Einzelhandelsgeschäfte, Gastronomie, Kultur- und Freizeiteinrichtungen sowie Plätze, Parks, Promenaden und ein neues Kreuzfahrt-Terminal entstehen sollen. Der neue, vollständig von Flüssen und Kanälen umgebene Stadtteil erstreckt sich auf ehemalige Hafenflächen des Großen Grasbrooks und der Speicherstadt. 2009 konnte mit dem Quartier „Am Dalmannkai/Sandtorkai" der Bau des ersten Teils des elf Quartiere umfassenden Stadtteils abgeschlossen werden.

Architektonischer Blickfang Schon von Weitem sichtbar ragt am Strandkai eines der Vorzeigeobjekte der neuen HafenCity in den Himmel – der 55 Meter hohe Marco-Polo-Tower. Der Wohnturm mit seinen 17 Stockwerken, die sich ineinander verschränken, wurde vom Stuttgarter Architekturbüro Behnisch entworfen und Anfang 2010 fertiggestellt. Der moderne Neubau – zusammen mit dem benachbarten Unilever-Haus das erste direkt an der Elbe liegende Gebäudeensemble – ist eine der exklusivsten Wohnlagen Hamburgs – und entsprechend begehrt. Innerhalb kurzer Zeit waren nahezu alle der 58 Wohnungen bereits verkauft – trotz Wohnungsgrundpreisen von bis zu 3,75 Millionen Euro. Kein Wunder – bietet der Luxus-Wohnturm doch eine unvergleichliche Aussicht auf Hafen, Elbe und Altstadt, Läden und Gastronomie im Erdgeschoss sowie eine exponierte Lage zwischen dem geplanten „Science Center Hamburg" und der Elbphilharmonie. Hinzu kommt die inzwischen mehrfach preisgekrönte Architektur aus rundum verglasten Außenflächen, kunstvoll verschlungenen Stockwerken mit weiten, geschwungenen, umlaufenden Balkonen und Terrassen, einer großzügigen Empfangshalle und einer individuell gestalteten Innenarchitektur.

Brooksbrücke

„Europa" beerbt „Germania"

Um 1900 Die herrschaftlichen schmiedeeisernen Bögen der Brooksbrücke überspannen den Zollkanal seit dem Jahr 1888. Das 50 Meter lange Bauwerk verbindet die Hamburger Altstadt mit der Speicherstadt. Die Brooksbrücke war zu dieser Zeit die wichtigste Überführung zum dortigen Freihafengebiet. Anlässlich der Einweihung des Freihafens legte Kaiser Wilhelm II. ihren Schlussstein. Am südlichen Brückenende markierte ein prächtiger Torbau zur Zollkontrolle den imposanten Eingang zur Speicherstadt. Auf den nördlichen Brückenpfeilern thronten die Statuen der „Germania", das Symbol des Deutschen Reiches, und der „Hammonia", der Schutzgöttin der Stadt. Im Zweiten Weltkrieg wurden die Brückenbauten schwer getroffen und die historischen Figuren gingen verloren.

Alte und neue Symbole Auf der Nordseite der Brooksbrücke, wo einst die Figuren der „Hammonia" und der „Germania" standen, wurden 2003 die Bronzeskulpturen einer neuen „Hammonia" sowie der „Europa" als Nachfolgerin der „Germania" eingeweiht. Mit der Speicherstadt im Rücken blicken die beiden Figuren in Richtung Hamburger Innenstadt. 2006 folgten am südlichen Brückenende Statuen von Friedrich I. Barbarossa und des heiligen Ansgar, dem Apostel des Nordens. Die 2,65 Meter hohen und 250 Kilogramm schweren Skulpturen wurden vom Hamburger Bildhauer Jörg Plickat geschaffen und vom Kaffee-Traditionsunternehmen J. J. Darboven gestiftet. Die im Jahr 2003 begonnene künstlerische Neugestaltung der Brooksbrücke fand damit ein erfolgreiches Ende.

Speicherstadt

Wohngebäude weichen dem neuen Lagerhausareal

Um 1880 Im ausgehenden 19. Jahrhundert bietet der Holländische Brook einen Anblick, der schon bald der Vergangenheit angehören wird. Nur wenige Jahre später wird nichts mehr an das malerische Viertel aus dem 17. und 18. Jahrhundert erinnern. Mit dem Beitritt zum Deutschen Zollverein verlor Hamburg seinen Freihandelsstatus. Um Waren weiterhin zollfrei lagern und verarbeiten zu können, schaffte die Stadt eine neue Freihafenzone auf den Brookinseln südlich der Altstadt. Mit dem Bau der Speicherstadt wurden ab 1883 die Kaufmannshäuser des Holländischen Brooks abgerissen und die nahezu 20 000 Einwohner mussten ihre Häuser räumen. 1888 wurde die Speicherstadt als seinerzeit größtes zusammenhängendes Lagerhausareal der Welt eingeweiht. Architektonisch gestaltete man die Gebäude im Stil der Backsteingotik, die dem Ensemble bis heute seinen besonderen Charakter verleiht.

Denkmalgeschützte Touristenattraktion Heute zählt die Speicherstadt zu den meistbesuchten Attraktionen Hamburgs. Brücken führen auf die rund anderthalb Kilometer lange, von Fleeten durchzogene Binneninsel, die sich zu Lande und zu Wasser erkunden lässt – bei einem Spaziergang durch die Kopfsteinpflastergassen oder bei einer Barkassenrundfahrt. Den schönsten Blick auf die Speicherstadt genießt man bei abendlichen Fleettouren durch die illuminierten Speicher, vorbei an den Lagerhäusern, die einst als Zwischenlager für Gewürze, Tabak, Seide oder Rum dienten. Heute beherbergen sie neben zahlreichen Teppichhändlern vor allem kulturelle und touristische Einrichtungen wie das Gewürzmuseum, das Deutsche Zollmuseum oder das Gruselkabinett Hamburg Dungeon. Seit 1991 steht die Speicherstadt unter Denkmalschutz. Der Freihafenstatus für das Gebiet wurde ab 2003 sukzessive aufgehoben.

Großmarkthalle

Handelsplatz mit zentraler Lage

1959 Nach einem Jahr Bauzeit nahm die neue Großmarkthalle auf einem über 28 Hektar großen Areal am Oberhafen in Hamburg-Hammerbrook bereits deutlich Gestalt an. Die drei wellenförmig geschwungenen Hallen mit maritimem Anklang entstanden nach Plänen des bekannten Architekten Bernhard Hermkes (1903–1995), der in Hamburg schon Bauten wie die Grindelhochhäuser (1946/56), die Kennedy-Brücke (1952/53) und das Audimax (1957/58) entworfen hatte. Der Großmarkt entwickelte sich dank seiner günstigen Lage rasch, das Sortiment der frischen, weltweit angebauten Erzeugnisse wurde seitdem ständig erweitert. So wird der Handel zuletzt 1984 um einen Blumengroßmarkt erweitert.

Frischezentrum des Nordens Schon sehr früh am Morgen beginnt das Leben in den Markthallen am Großmarkt Hamburg. Auf einer Fläche von mehr als 50 000 Quadratmetern bieten heute nahezu 300 Händler ihre Produkte an. Neben den Verkaufsräumen stehen rund 60 000 Quadratmeter Kühl- und Lagerräume zur Verfügung. Auf dem Obst- und Gemüsemarkt bringen Großhändler jährlich Obst im Wert von 357 Millionen und Gemüse im Wert von 388 Millionen Euro an den Einzelhändler. Pro Jahr werden hier mehr als 600 000 Tonnen Obst und rund 250 000 Tonnen Gemüse gehandelt. Der Gebäudekomplex zählt zu Deutschlands größten Markthallen und beherbergt das bedeutendste Frischezentrum des Landes. Täglich werden hier nahezu alle nördlichen Bundesländer rund um die Uhr mit Frischwaren versorgt.

Containerhafen

Schauerleute weichen moderner Transporttechnik

Um 1965 Im Hamburger Hafen wird ein Frachtschiff gelöscht. Die harte Knochenarbeit ist in den 1960er-Jahren noch ein Job für die hiesigen Hafenarbeiter, auch Schauerleute genannt, die die Säcke, Ballen und Boxen aus dem Schiffsladeraum nach oben transportieren müssen. Hier werden die Warenbehältnisse für den Weitertransport vorbereitet und auf Lastwägen geladen oder auf Schuten umgewuchtet. Die kleinen Schiffe sorgen für die weitere Verteilung im Hafengebiet, indem sie die Schiffsladung beispielsweise in die nahen Lagerhäuser der Hamburger Speicherstadt transportieren. Die Arbeit der Schauerleute, deren geschäftiges Gewimmel am Hafen einem Ameisenhaufen gleicht, zieht sich oft über mehrere Tage und ist entsprechend mühsam. Innerhalb kurzer Zeit gehörte dieses Bild der Vergangenheit an: Schon im Jahr 1956 hatte der Warentransport auf See begonnen, sich entscheidend zu verändern, als in England der erste Container auf die Reise geschickt wurde und damit das Geschäft mit der Fracht revolutionierte.

Moderner Warenumschlag 1966 trat auch am Hamburger Hafen der Transport in Containern seinen Siegeszug an. Am Burchardkai in Waltershof wurde die erste moderne Transportbox gelöscht. Fortan nahm der Umschlag von Kisten, Fässern und Säcken kontinuierlich ab. Die erste Containerbrücke entstand 1968, bereits im selben Jahr wurde im Hamburger Hafen das erste Vollcontainerschiff gelöscht. Riesige Kräne sorgten für das zügige Löschen der Frachtstücke, während die Arbeit für die Schauerleute kontinuierlich weniger wurde und sie nach und nach aus dem Hafenbild verschwanden. Mittlerweile macht der Containerumschlag am Hamburger Hafen, dessen bis zu 80 Meter hohe Containerbrücken innerhalb weniger Stunden die komplette Ladung eines modernen Mega-Frachters löschen können, den größten Teil des Warenumschlags aus. Im Jahr 2007 waren es 9,9 Millionen Container.

ING LINE
CMA CGM
HAMBURG SUD
ZIM
CMA CGM
CMA CGM
HAMBURG SÜ
ZIM
GREEN

Der Köhlbrand

Fahrrinne für Groß und Klein

1973 Der 325 Meter breite Köhlbrand, eine Fahrrinne zwischen Süder- und Norderelbe, erhielt seinen Namen durch die hier ansässigen Köhler, die an den Ufern Holzkohle brannten und sie an die vorbeiziehenden Schiffer veräußerten. Entstanden war die Fahrrinne nach Süden bereits zwischen dem 14. und 15. Jahrhundert, als die Elbinsel Gorieswerder durch heftige Sturmfluten in zwei Hälften getrennt wurde. Bis ins 19. Jahrhundert hinein war der Köhlbrand eine beliebte Lage für Werften. 1908 verlegte man den Elbarm vom heutigen Kohleschiffhafen 600 Meter nach Westen und vertiefte in diesem Zug die Fahrrinne auf 8,40 Meter. Im Laufe der Zeit wurde auch der Freihafen stetig erweitert und auf der westlichen Seite des Köhlbrands entstand das ausgedehnte Containerzentrum. Der Verkehr über den Köhlbrand wurde ab 1910 durch Fähren geregelt, bis schließlich mit dem Bau der Köhlbrandbrücke eine andere Lösung für die starke Fahrzeugzunahme gefunden wurde.

Schwimmende Giganten Bestimmten in den 1970er-Jahren noch zahlreiche Schuten das Bild mit Blick auf den Köhlbrand, so änderte sich dies in den letzten Jahrzehnten mit dem Ausbau des Hamburger Hafens grundlegend. Zwar sind die kleinen flachen Boote, die weder über Takelage noch einen eigenen Antrieb verfügen, immer noch beliebte Transportmittel von den großen Seeschiffen hinüber zum Hafen, mit dem Bau des neuen Container-Terminals verringerte sich ihre Rolle jedoch. Heute werden Ozeanriesen wie die „MS Colombo Express" von Schleppern den Köhlbrand hinuntergezogen. Das ehemals größte Containerschiff der Welt läuft im Hamburger Hafen ein, um am Containerterminal Altenwerder festzumachen. Das Schiff ist 335 Meter lang, 43 Meter breit und verfügt bei einer Tragfähigkeit von 104 000 Tonnen über eine Kapazität für 8750 Standardcontainer, die aneinandergereiht eine Strecke von 53 Kilometern ergeben.

Köhlbrandbrücke
Die Hansestadt erhält ein neues Wahrzeichen

1974 Am 20. September wird im Beisein des Bundespräsidenten Walter Scheel nach vierjähriger Bauzeit die weithin sichtbare Köhlbrandbrücke eröffnet. In einem weit geschwungenen Bogen überspannt die neue Brücke das Wasser. Bereits ein Jahr nach der Brückenfertigstellung sollten die Konstrukteure Paul Boué und Egon Jux für die „schönste Brücke des Kontinents" den Europäischen Stahlbaupreis erhalten. Auf 3940 Meter Länge verbindet das rund 130 Meter hohe Bauwerk, das zu den größten Schrägseilbrücken Europas gehört, die beiden Freihafengebiete der Stadt. Vor allem Lkw, deren Waren innerhalb des zollfreien Hafenareals umgeschlagen werden, schieben sich täglich brückauf und brückab. Der Verkehr verläuft hier vierspurig, vorbei an zwei stählernen Pylonen, die von 88 Meter langen, armdicken Stahlseilen gehalten werden.

Sportliche Aussicht Normalerweise ist es nur Kraftfahrzeugen gestattet, die Köhlbrandbrücke zu passieren. Zu den Cyclassics-Radrennen wird jedoch eine Ausnahme gemacht: Im Streckenverlauf des alljährlichen Großereignisses, das seit 1996 in Hamburg ausgetragen wird, kämpfen sich die Radprofis über das 130 Meter hohe Bauwerk im Hamburger Hafen. Für die Sportler gilt der Abschnitt im wahrsten Sinne des Wortes als Höhepunkt des Rennens. An keinem anderen Streckenabschnitt ist die Aussicht auf Hamburg und den Hafen derart imposant wie von der Köhlbrandbrücke aus. Ende 2007 wurden jedoch Pläne zu einem Abriss der Brücke laut, da die Durchfahrtshöhe von 53 Metern großen Containerschiffen langfristig nicht mehr genügt und die Instandhaltungskosten unrentabel sind. Aller Voraussicht nach wird bis 2030 ein Neubau nördlich die alte Brücke als wichtigste Verkehrsader durch den Hafen ablösen – dann wohl mit einer Durchfahrtshöhe von mehr als 70 Metern.

Veddel

Die einstige „Auswandererstadt" wird zum Museum

1909 Im Durchgangslager in Hamburg-Veddel macht sich eine Gruppe von Auswanderern für ihren Aufbruch in eine ungewisse Zukunft bereit. Männer und Frauen aus allen Teilen Deutschlands und vielen Ländern Osteuropas haben ihre alte Heimat verlassen und brechen von Hamburg voller Hoffnungen und Sehnsüchte in die Neue Welt auf. Nachdem die Emigranten in der Hansestadt jahrzehntelang unter miserablen Bedingungen auf ihre Schiffspassagen hatten warten müssen, entstand auf Initiative des Hapag-Generaldirektors Albert Ballin zwischen 1898 und 1901 die „Auswandererstadt" auf der Veddel. Auf einer Fläche von über 50 000 Quadratmetern errichtete die Reederei HAPAG eine Durchgangsstation mit Schlafsälen, Speisehallen und Büros. Infolge des Auswandererrückgangs in den 1930er-Jahren wurden die Gebäude zunehmend umgenutzt und im Laufe der Jahre fast alle abgerissen.

Hafen der Träume Rund ein Jahrhundert nachdem Albert Ballin die „Auswandererstadt" errichten ließ, wurde im Juli 2007 das Erlebnismuseum BallinStadt unter dem Motto „Port of Dreams – Auswandererwelt Hamburg" eröffnet. In drei originalgetreu rekonstruierten Hallen, darunter ein in Teilen erhaltener historischer Pavillon, werden die Geschichten und Schicksale der etwa fünf Millionen Emigranten nachgezeichnet, die zwischen 1850 und 1939 von der Hansestadt aus nach Amerika aufbrachen. Neben den verschiedenen Stationen der Emigration vom Aufbruch bis zur Ankunft in New York werden den Besuchern auch die Beweggründe der Auswanderer nahegebracht. Anhand der Daten der Emigranten, die in den noch existierenden Passagierlisten die Jahre überdauert haben, können sich die Besucher der BallinStadt sogar auf die Suche nach Spuren der eigenen Familiengeschichte begeben.

Elbbrücken

Neue Wege über den Fluss

Um 1955 Über die Norderelbe spannte sich das einst imposanteste Brückenbauwerk der Hansestadt: die Elbbrücke. Sie wurde 1887/88 errichtet und verband die beiden Elbufer am östlichen Ende des Freihafens. Mächtige Backsteinportale mit verspielten Türmchen markierten die beiden Brückenenden. Über dem Mittelpfeiler der Torfronten prangte das Hamburger Wappen, umrahmt von zwei herrschaftlichen Löwen. Die Errichtung der ersten Elbbrücken im ausgehenden 19. Jahrhundert war eine große Erleichterung, denn zuvor waren Einwohner und Besucher der Stadt jahrhundertelang auf Fähren zur Überquerung der Elbe angewiesen. Erst unter der französischen Belagerung 1813 bis 1814 entstand die hölzerne „Jochbrücke". Da diese Art der Elbquerung jedoch das Fährgeschäft gefährdete, wurde das Bauwerk nicht wiederaufgebaut, als es im Jahr 1817 durch schweren Eisgang zerstört wurde. Erst 1872 wurde dann die erste Eisenbahnbrücke über die Elbe gebaut, bis schließlich die Alte Elbbrücke errichtet wurde.

Umbau 1960 mussten die prächtigen Portale der historischen Elbquerung Umbauarbeiten weichen. Die rund 300 Meter lange historische Elbbrücke wurde an beiden Seiten erweitert, die Neue Elbbrücke entstand. Auf den ursprünglichen Fahrbahnen verkehrten fortan ausschließlich Straßenbahnen. Nachdem Hamburg den Straßenbahnverkehr eingestellt hatte, diente die Neue Elbbrücke Bussen zur Elbüberquerung. Mittlerweile verteilt sich der Verkehrsfluss über die Norderelbe auf verschiedene Brücken, die die südliche Anbindung zwischen Stadt und Umland sicherstellen. So entstand beispielsweise 1916/17 die Freihafenbrücke, die parallel zur Neuen Elbbrücke verläuft und unmittelbar an die Eisenbahnbrücke grenzt.

Großstadtrevier Die Davidwache und das St. Pauli-Theater, aufgenommen im Dezember 2007 auf der Reeperbahn während der blauen Stunde. Das Polizeikommissariat direkt auf dem Kiez dürfte wohl das bekannteste Polizeigebäude Deutschlands sein.

Auf St. Pauli

Nicht nur „nachts um halb eins" Ein berühmtes Musicalhaus, ungewöhnliche Museen, bekannte Theater, angesagte Clubs, berüchtigte Erotikshows und urige Kneipen – der Hamburger Stadtteil St. Pauli ist Rotlichtmilieu und Szeneviertel zugleich. Die viel besungene Reeperbahn ist für viele Touristen die Attraktion schlechthin, zugleich ist sie aber auch eine der beliebtesten Ausgehmeilen alteingesessener Hanseaten. In dem Quartier am Hafenrand, das einst überwiegend von Handwerkern und Arbeitern bewohnt war, gibt es überall Geschichte zu entdecken. Aus der Straße der einstigen Reepschläger, die hier Taue für die Schifffahrt herstellten, entwickelte sich mit der Ansiedlung von Schaustellern am Spielbudenplatz und von Hafenkneipen für die Seeleute die weltbekannte Amüsiermeile, von der aus auch die Karrieren von Hans Albers oder den Beatles ihren Anfang nahmen.

Die große Freiheit
Liberal von Anbeginn

Um 1965 Spätestens seit dem berühmten UFA-Film „Große Freiheit Nr. 7" (1943) mit dem Hamburger Urgestein Hans Albers (1891–1960) gilt die Große Freiheit fast schon als ein Synomyn für die Reeperbahn – obgleich sie lediglich eine kleine Seitenstraße der sündigen Meile ist. Der Bezirk wurde zu Beginn des 17. Jahrhunderts in der damals noch eigenständigen Stadt Altona eingerichtet. Der Name rührt von der Religions- und Gewerbefreiheit her, die hier zu dieser Zeit herrschten. Musikalische Freiheit beanspruchten dieserorts viele aufstrebende Bands vor allem in den 1950er- und 1960er-Jahren. Von einer breiten Öffentlichkeit fast noch unbeachtet debütierten 1959 die Beatles im hier ansässigen Club „Indra" mit einem ihrer weltweit ersten Auftritte. Ihren Rotlichtruf verdankt die Große Freiheit in erster Linie mittlerweile längst verschwundenen legendären Nachtclubs wie dem „Safari" oder dem „Salambo".

Laut, bunt und wild Noch heute sind auf der Großen Freiheit die schönsten Tänzerinnen, die angesagtesten Nachtclubs und die meistbesuchten Diskotheken der Reeperbahn zu finden. Und auch die Koberer, jene stets gut gelaunten Menschen, die die Nachtschwärmer mit so manchem derben Spruch in die Amüsierbetriebe zu locken versuchen, sind in der Großen Freiheit immer etwas lauter als anderswo im bunten Amüsierviertel. Die gefragteste Währung der Straße ist eine ganz spezielle Dollar-Note: der Dollhouse-Dollar, den man mehr oder weniger diskret den spärlich bekleideten Tänzern und Tänzerinnen im gleichnamigen Strip-Lokal zustecken kann. Wer lieber seine Ohren denn seine Augen erfreuen will, kommt einige Meter weiter auf seine Kosten: In der „Großen Freiheit 36" und dem angeschlossenen weltberühmten „Kaiserkeller" geben neben internationalen Top-Acts auch immer wieder aufstrebende regionale Bands mitreißende Konzerte.

Der Star-Club

Geschichte eines Welterfolgs

1962 Leuchtend rote Plakate mit dem Slogan „Die Zeit der Dorfmusik ist vorbei" lockten im April 1962 zur Eröffnung des Star-Clubs in der „Großen Freiheit 39". Jerry Lee Lewis, Bill Haley, Tony Sheridan oder Fats Domino – eine Berühmtheit nach der anderen gab hier ihr Gastspiel. Bis zu acht Gruppen traten pro Nacht im Club auf und gastieren dort meist für die Zeit eines Monats als sogenannte Haus-Bands. Auch die Weltkarriere der Beatles nahm auf St. Pauli ihren Anfang. Nicht zuletzt durch ihre Auftritte avanciert der Star-Club zwischen 1962 und 1969 zum berühmtesten Beat-Schuppen der Welt. Ab Ende der 1960er-Jahre fanden Konzerte bekannter Bands mehr und mehr in großen Hallen und Stadien statt. Kleinere Clubs konnten sich die weltbekannten Gruppen nicht mehr leisten. Die Besucherzahlen sanken so sehr, dass die meisten davon schließen mussten. Auch das Ende des Star-Clubs war besiegelt: In der Neujahrsnacht 1969/70 schloss der Veranstaltungsort für immer seine Pforten.

Ende einer Club-Ära 1987 wurde das Gebäude, in dem der Star-Club seine Pforten öffnete, nach einem Brand abgerissen. Der ehemalige Star-Club-Fotograf Günter Zint konnte jedoch einen Teil des Fundus retten. Dieser ist heute im St. Pauli-Museum zu besichtigen. An der Stelle des legendären Star-Clubs steht inzwischen ein Klinkerbau, der ein Rock-Café und eine thailändische Karaokebar beheimatet. Lediglich ein Gedenkstein erinnert an die sieben legendären Jahre des einst weltberühmten Musiklokals. Ein kleines Detail ist hierbei allerdings geschummelt: Die Band „The Who" ist nie im Star-Club aufgetreten. Lediglich als Zuschauer waren sie hier zu Gast. Vollkommen falsch lag der Steinmetz mit seiner Gravur also auch nicht.

Reeperbahn

Die Meile bleibt, die Besucher wechseln

1989 Dass man sich auf der Reeperbahn vergnügen und dabei in Windeseile sein Portemonnaie erleichtern kann, wussten die Seeleute, die mit ihren Schiffen im Hamburger Hafen lagen, schon seit dem Ende des 17. Jahrhunderts. Nach dem Fall der Berliner Mauer im November 1989 wollten auch viele DDR-Besucher diese Erfahrung machen und steuerten mit ihren Trabis die berühmte sündige Meile Hamburgs an. Die weltbekannte Straße, die als Synonym für den gesamten Rotlichtbezirk auf St. Pauli steht, verläuft vom Millern- bis hin zum Nobistor knapp einen Kilometer quer durch den Stadtteil. Ihren Namen verdankt sie den Seilmachern, sogenannten Reepschlägern, die ab dem 17. Jahrhundert die lange, gerade Straße als Bahn für die Herstellung von Schiffstauen nutzten. Bis zum Ende des 19. Jahrhunderts entwickelte sich hier eine große Bandbreite an Amüsierbetrieben: Vom Theater bis zur Varietéshow wurde in kleinen Bretterbuden auf dem nach ihnen benannten Spielbudenplatz allerlei Unterhaltung geboten. Nach und nach wurden die Buden durch feste Bauten ersetzt.

Amüsement je nach Geschmack Bei Tageslicht betrachtet versprüht die Reeperbahn nur wenig Charme. Ihre leicht verruchte Atmosphäre erschließt sich dem Betrachter erst in den Abendstunden. Das käufliche Herz St. Paulis schlägt vor allem in der vor neugierigen Blicken geschützten Herbertstraße, in denen die Damen des horizontalen Gewerbes an den Fenstern sitzend auf Kundschaft warten. Doch auch wer sich anderweitig amüsieren will, hat hier die Qual der Wahl: lieber ein kühles Bier in einer der vielen schrägen Kultkneipen, einen angesagten Cocktail in einer der stilvollen Bars oder aber anspruchsvolles Kulturprogramm von Musical bis Varieté in einem der zahl-reichen Theater? Wofür man sich auch entscheidet: Berührungsängste sollten Besucher gerade am Wochenende nicht haben, wenn die Reeperbahn dicht bevölkert ist. Für die Sicherheit auf der von Udo Lindenberg so treffend besungenen „geilen Meile“ sorgen die Polizisten der nahen Davidwache, die auch die Einhaltung des Waffenverbots im Amüsierbezirk kontrollieren.

Herbertstraße

Die sündige Meile öffnet sich

1983 Die Hamburger Herbertstraße sind die wohl berüchtigtsten 60 Meter Hamburgs. In den Fenstern der hiesigen Gebäude präsentieren sich Dutzende Prostituierte, die versuchen, die vorbeispazierenden potenziellen Kunden mit einem verruchten Augenaufschlag oder einem frechen Spruch für sich zu gewinnen. Der Name „Herbertstraße" ist nicht, wie man vielleicht denken mag, auf einen berühmten Namensgeber zurückzuführen, sondern Teil eines Konzepts, den Straßen alphabetisch aufsteigend männliche Vornamen zuzuordnen. Die noch aus dem Jahr 1933 stammenden Barrieren an beiden Enden der Straße sollen Jugendliche und weibliche Hamburgbesucher davon abhalten, genauere Blicke auf das amouröse Treiben der Rotlichtmeile zu werfen. Denn abgesehen von den bösen Blicken der Damen des horizontalen Gewerbes soll es Passantinnen, die sich von der Barriere nicht abhalten ließen, auch schon das eine oder andere Mal passiert sein, mit einer kalten Dusche oder faulen Eiern aus den oberen Fenstern „begrüßt" worden zu sein.

Ausnahmezustand Nach dem WM-Spiel Deutschland gegen Ecuador am 20. Juni 2006 feiern begeisterte deutsche Fußballfans in der Herbertstraße den 3 : 0-Sieg ihrer Mannschaft. In dieser Zeit befindet sich ebenso wie ganz Deutschland auch Hamburg im Ausnahmezustand. Bei bestem Wetter werden vor allem die Spiele der Jungs in „Schwarz und Weiß" gern auch auf öffentlichen Plätzen verfolgt, der Begriff „Public Viewing" wird zum Synonym für zahlreiche sommerliche Fußballpartys. Die Damen in der Herbertstraße spielen währenddessen für 90 Minuten nur eine Nebenrolle. In der „dritten Halbzeit" verdienen sie hingegen aufgrund des männlichen Massenandrangs in der Umgebung besser denn je.

Schmidt Theater

Der Vorhang fällt und hebt sich

2003 Dieses Bild des Schmidt Theaters Ende Dezember wird es schon wenige Wochen später nicht mehr geben: Anfang 2004 fällt der Vorhang des Varietés vorerst ein letztes Mal. Das Schmidt Theater wird wegen Baufälligkeit abgerissen. 16 Jahre zuvor hatte der Medienunternehmer Corny Littmann das „Schmids" gegründet, als er und seine Cabarettruppe „Familie Schmidt" nach jahrelangen Theatertouren durch Deutschland sesshaft werden wollten. Am 08.08.88, um 8 Uhr 8 am Abend war das Schmidt Theater am Spielbudenplatz Nr. 24 eröffnet worden. Fortan begeisterte das Ensemble sein Publikum mit Musik, Comedy, Musicals und Varieté. In dem Haus geht es gemütlich zu: In lockerer Atmosphäre machen es sich die Zuschauer auf plüschigen Sofas bequem, während sie bei einem fast schon obligatorischen Eis der Vorstellung folgen. Seit 1991 das Schmidts Tivoli am Spielbudenplatz 27–28 hinzugekommen war, bestand das Schmidt Theater bis 2004 aus zwei Spielstätten.

Bewährtes Konzept in neuem Look Am 08.08.2005 feiert das neue Schmidt Theater seine Wiedereröffnung – auf den Tag und die Minute genau 17 Jahre, nachdem sich der Vorhang im Kiez-Theater zum ersten Mal hob. Der Neubau präsentiert sich architektonisch moderner und ist mit rund 400 Plätzen fast doppelt so groß wie sein Vorgänger. Einigen Traditionen bleibt man jedoch treu: Die legendäre Mitternachtsshow und die Tresenshows, auf denen Nachwuchstalente ihre ersten Schritte zur eigenen Solo-Karriere wagen, sind nach wie vor Publikumsmagnete. Im Laufe der Jahre hat sich das Schmidt Theater so einen Namen als Talentschmiede gemacht. Das St. Pauli-Musical „Heiße Ecke" ist eines der gefeiertsten Musicals des Landes und auch Deutschlands erfolgreichstes Solostück „Caveman" zählt zu den bekannten Kassenschlagern des Schmidts. Mit über 350 000 Zuschauern im Jahr 2006 zeigt Littmann, dass auch nicht subventionierte Bühnen äußerst erfolgreich arbeiten können.

SpriAG
Schmidt
ASTRA
ASTRA

Operettenhaus

Fester Platz in der Hamburger Kulturszene

Um 1945 Schutt, Ruinen und verwaiste Straßen: Die Bombenangriffe des Zweiten Weltkriegs haben auf der Reeperbahn eine Trümmerwüste hinterlassen. Das Operettenhaus am Spielbudenplatz 1 war 1887 als Konzerthaus errichtet und 1910 zum Operettentheater umgebaut worden. Bis kurz vor Kriegsende fanden hier Vorführungen statt. Der legendäre Schlager „Auf der Reeperbahn nachts um halb eins" von Hans Albers (1891–1960) wurde hier erstmals aufgeführt und auch andere Berühmtheiten wie Tenor Richard Tauber (1891–1948) und Musikstar Marika Rökk (1913–2004) begeisterten das Publikum. Das alte Theater fällt – wie große Abschnitte der Reeperbahn – erst den Kriegsbomben und dann den Abrissbirnen der Wiederaufbaujahre zum Opfer.

60er-Jahre-Makeup Die Mauern des einst prächtigen Operettenhauses weichen einem kühlen Nachkriegs-Neubau. Hier hat die funktionale Architektur 1960 ein Paradestück hervorgebracht. Trotz Zerstörung und finanzieller Rückschläge hat sich das Operettenhaus seinen festen Platz in der Hamburger Kulturszene bewahrt. Die vielleicht größte Erfolgsgeschichte schreibt das Konzerthaus ab 1986: Das Musical „Cats" von Andrew Lloyd Webber feiert hier seine deutsche Erstaufführung und wird fortan 15 Jahre lang ununterbrochen die Kassen klingeln lassen, bevor sich für das Katzen-Musical ein letztes Mal der Vorhang senkt. Mit dem Aufführungserfolg avanciert das Operettenhaus zur Geburtsstätte des deutschen Musik- und Tanztheaters und verhilft der Hansestadt zu ihrem Ruf als Musicalhauptstadt des Landes.

Überfälliges Face-Lifting Hell erleuchtet zeigt sich das Hamburger Operettenhaus an der Reeperbahn kurz nach der Enthüllung seiner neuen Fassade 2002. Nach der Übernahme durch den Hamburger Showveranstalter Stage Holding (seit 2005 Stage Entertainment GmbH) ist das Musicaltheater für mehr als 9 Millionen Euro aufwendig renoviert worden. Eine rot-gelbe Glasfassade ersetzt die alte weiße Front. Auch im Innern erstrahlt das Haus in neuem Glanz: Die Foyers werden umgestaltet, die Technik erneuert und der Theatersaal erhält mit roten Polstersesseln, rotem Teppichboden und schwarzen Wänden eine Verjüngung. Bereits zwei Wochen nach der Wiedereröffnung kommt die deutsche Erstaufführung des ABBA-Musicals „Mamma Mia!" auf die Bühne, das bis September 2007 vor ausverkauftem Haus spielte. Im Dezember 2007 feierte die Eigenproduktion des Udo-Jürgens-Musicals „Ich war noch niemals in New York" hier Weltpremiere.

OPERETTENHAUS
SOMMERPAUSE
Spielbudenplatz

OPERETTENHAUS
MAMMA MIA!
DAS MUSICAL

Hafenstraße
Im ehemaligen Hausbesetzerviertel kehrt Ruhe ein

1987 Im November kommt es fast täglich zu Demonstrationen vor den verbarrikadierten Häusern in der Hamburger Hafenstraße. Der Konflikt zwischen den zumeist linken Hausbesetzern und der Polizei schwelte seit Beginn der 1980er-Jahre, als die besetzten Häuser entlang der Hafenstraße für eine weitere Vermietung saniert und geräumt werden sollten. Nach einer anfänglich kaum bemerkten „schleichenden Besetzung" eskalierten die Auseinandersetzungen im Lauf der Jahre und die Fronten verhärteten sich zunehmend. Die Hafenstraße galt immer mehr als rechtsfreier Raum und den Besetzern wurde vorgeworfen, Terroristen der Roten Armee Fraktion (RAF) Unterschlupf zu gewähren. In den Jahren 1986 und 1987 erreichte der Konflikt seinen traurigen Höhepunkt: Während der Senat verstärkt mit massiven Polizeieinsätzen Herr der Lage zu werden versuchte, bereiteten sich die Besetzer und ihre zahllosen Unterstützer auf die drohende Räumung vor. Bürgerkriegsähnliche Bilder mit brennenden Barrikaden bestimmten in dieser aufgeheizten Atmosphäre die Szene.

Friedliches Idyll Kurz vor der endgültigen Eskalation im „Häuserkampf an der Hafenstraße" konnten sich beide Seiten Ende 1987 doch noch auf einen Kompromiss einigen. Der Hamburger Senat unter Führung des Ersten Bürgermeisters Klaus von Dohnanyi (SPD) verzichtete auf eine gewaltsame Räumung und zog über 5000 bereitstehende Polizisten ab. Im Gegenzug begannen die Besetzer mit dem Abbau der Barrikaden. „Die Hafenstraße war ein Jahrzehnt lang eine Wunde in der Stadt", erinnerte sich von Dohnanyi später. Ein halbes Jahr nach dem erzielten Kompromiss trat er im Frühjahr 1998 von seinem Amt zurück – mitunter auch, weil im Umkreis der Hafenstraße immer wieder gewalttätige Ausschreitungen stattgefunden hatten. Es dauerte noch Jahre, bis in das umkämpfte Viertel wieder halbwegs Normalität einkehrte. Noch heute bemühen sich die Bewohner der Hafenstraße jedoch um größtmögliche Autonomie und ein selbstbestimmtes Leben. Nur wer genau hinsieht, kann an den sanierten Fassaden heute noch letzte Zeichen der vergangenen Auseinandersetzungen entdecken.

Mitten in der Stadt Die Aufnahme aus der Vogelperspektive zeigt den Blick auf die Hamburger Innenstadt mit dem Rathaus. Hier ist der Sitz des Senats der Landesregierung und der Hamburgischen Bürgerschaft.

In der Innenstadt

Das Herz der Großstadt Zwischen Alster und Elbe erstreckt sich Hamburgs Innenstadt mit ihren unzähligen Sehenswürdigkeiten. Wo sich einst die schmalen Fachwerkhäuser des Gängeviertels aneinanderreihten, entstanden im Zuge der Stadtmodernisierung zu Beginn des 20. Jahrhunderts moderne Kontorhäuser. Auch die breite Mönckebergstraße – heute beliebte Shoppingmeile der Hansestadt – ist ein Ergebnis dieser Modernisierungsmaßnahmen. Das imposante Herzstück Hamburgs ist das Rathaus mitsamt seinem piazzaartigen Vorplatz. Der monumentale Bau spiegelt eindrucksvoll das Selbstbewusstsein der wohlhabenden Hansestädter in Geschichte und Gegenwart wider. Daneben prägen die Türme der Hamburger Kirchen die Stadtsilhouette, deren bekanntestes Beispiel der Hamburger Michel – ein Wahrzeichen der Hansestadt – ist.

Spitaler Straße

Verändertes Bild durch Sanierung

1913 Im spitzen Winkel treffen die Spitalerstraße und die Mönckebergstraße aufeinander. Sie werden von großen Kontorhäusern gesäumt – zu dieser Zeit noch ein ungewohnter Anblick: Bis 1908 die Mönckebergstraße angelegt wurde, prägten enge Straßen und schmale Häuser das Bild zwischen Spitalerstraße und Steinstraße, einem Teil des sogenannten Gängeviertels. Nach der Choleraepidemie im Jahr 1892 beschloss der Senat unter Bürgermeister Johann Georg Mönckeberg (1839–1908), dieses Stück der östlichen Altstadt abzureißen und neu zu gestalten. Mit einem Durchbruch zwischen Hauptbahnhof und Rathaus entstand die breite Mönckebergstraße als neue Hauptverkehrsader der Altstadt. Das markanteste Gebäude dieser Gegend sollte bald entstehen: An der spitzen Ecke entstand ab 1913 ein zweigeschossiger Bau mit dorischen Säulen, in dem die öffentliche Lesehalle untergebracht wurde.

Fast Food im Kulturdenkmal Heute ist die Spitalerstraße Fußgängerzone und belebte Shoppingmeile mit einem Mix aus historischen und neuen Bauten. Viele der gewaltigen Kontorhäuser der Sanierungszeit sind heute noch zu bewundern, darunter der Barkhof (1909/1910, rechts im Bild), ein Doppelkontorhaus mit einer Straßenfront von 170 Metern Länge an der Ecke Spitalerstraße/Mönckebergstraße (1910), und das Haus Seeburg an der Spitalerstraße (1908/1909, links). Die historische ehemalige Bücherhalle allerdings beherbergt in unseren Tagen zum Unmut vieler Hamburger eine bekannte Fast-Food-Kette.

St. Michaelis-Kirche

Hamburgs Wahrzeichen strahlt wieder

1945 Nach britischen und amerikanischen Luftangriffen im Zweiten Weltkrieg lag die St. Michaeliskirche – wie auch die gesamte Umgebung – in Schutt und Asche. St.-Michaelis ist die jüngste der fünf Hamburger Hauptkirchen und eines der bekanntesten Hamburger Wahrzeichen. Die größte und vermutlich schönste norddeutsche Barockkirche wurde 1762 von den Baumeistern Johann Leonhard Prey und Ernst Georg Sonnin auf den Grundmauern der nach einem Blitzeinschlag im Jahr 1750 abgebrannten Vorgängerkirche errichtet. Nach dem Zweiten Weltkrieg wurde die Kirche bis etwa 1952 renoviert. Das Wahrzeichen der Stadt ist dem Erzengel Michael geweiht, der als große Bronzestatue über dem Hauptportal thront.

Beliebte Aussichtsplattform Der Turm des Michels mit seiner unverwechselbaren Kupferhaube prägt bis heute die Silhouette Hamburgs. 453 Stufen und ein Fahrstuhl führen hinauf zur Aussichtsplattform des 132 Meter hohen Kirchturms. Der herrliche Blick über Hamburg, die Elbe und den Hafen entschädigt für den beschwerlichen Aufstieg. Unterhalb der Plattform prangt die größte Turmuhr Deutschlands. Das Ziffernblatt hat einen Durchmesser von 8 Metern, die Ziffern sind über 1 Meter groß und jeder Zeiger wiegt 130 Kilogramm. Eine weitere Besonderheit: Jeweils um 10 und 21 Uhr sowie sonntags um 12 Uhr bläst der „Türmer" einen Choral auf der Trompete.

St. Michaelis-Kirche
Wie Phoenix aus der Asche

1906 Der Turm und der Dachstuhl der St. Michaeliskirche waren aus Holz errichtet worden, was sich 1906 katastrophal auswirken sollte: Lötarbeiten an Kupferplatten im Turm der Barockkirche lösten einen verheerenden Brand aus, bei dem das evangelische Gotteshaus bis auf die Grundmauern niederbrannte. Obwohl die Feuerwehr sofort alarmiert wurde, konnte sie die lichterloh brennende Kirche nicht mehr retten. Finanziert durch internationale Spenden entstand bis 1912 nach Originalplänen die große Michaeliskirche wieder.

Glanzvolle Wiederauferstehung Mehr als 2.500 Menschen finden in dem Gotteshaus Platz. Im Innern des 52 Meter langen, 44 Meter breiten und 27 Meter hohen Kirchenschiffs beeindrucken die großartige Marmorkanzel, der 20 Meter hohe barocke Altar und die große Steinmeyer-Orgel mit 6665 Pfeifen. Insgesamt besitzt St. Michaelis drei Orgeln, die täglich zwischen 12.00 und 12.15 Uhr zur Mittagsandacht ertönen. Aus dem Jahr der Erbauung 1762 sind lediglich noch der Taufstein und der Gotteskasten, ein Behältnis zur Aufbewahrung des Geldes der Kirchengemeinde, erhalten. Sehenswert ist auch das Gruftgewölbe aus dem Spätbarock, das zu den größten Europas zählt. Neben vielen vermögenden Hamburger Familien liegen hier auch der Komponist Carl Philipp Emanuel Bach (1714–1788) und der Kirchenbaumeister Ernst Georg Sonnin (1713–1794) begraben.

Blick von der St. Michaelis-Kirche

Stadtpanorama mit verdichteter Bebauung

1971 Der Turmbläser des Michels, der seit über 350 Jahren vom Turm der Kirche aus zweimal täglich einen Choral in alle vier Himmelsrichtungen anstimmt, ist zu beneiden – besitzt er doch den schönsten Arbeitsplatz der Stadt. Von der Aussichtsplattform des Michels blickt man gen Süden über die Elbe, den Nieder- und Binnenhafen bis hin zum Kleinen Grasbrook und Steinwerder mit den Werftanlagen am anderen Elbufer. Vor dem Michel erheben sich Wohn- und Bürogebäude aus der Vor- und Nachkriegszeit. Eine noch spärlich bebaute Fläche erstreckt sich zwischen Michel und Elbe. Linkerhand ist auf einer der Landspitzen der Hamburger Speicherstadt der kolossale Kaispeicher A zu erkennen. Das Lagerhaus entstand 1963, nachdem der alte Kaiserspeicher aus dem Jahr 1875 im Zweiten Weltkrieg zerstört wurde.

Über den Dächern der Hansestadt Der Blick vom Michel ist auch heute noch für jeden Hamburgbesucher ein unbedingtes Muss. Nicht nur vom Wasser aus, sondern auch aus der Vogelperspektive ist die Stadt sehenswert. Wer die Stufen nicht zu Fuß erklimmen möchte, kann bequem den Fahrstuhl bis zur Aussichtsplattform besteigen, um die einmalige Aussicht auf Stadt und Hafen zu genießen. Das Südpanorama zeigt sich heute leicht verändert: Die ehemals teils freien Flächen rund um die Kirche wurden im Lauf der letzten Jahrzehnte bebaut. Im Vordergrund ist der imposante, 1990 fertiggestellte Bürokomplex des Gruner + Jahr-Verlagshauses zu erkennen. Auf der Spitze des Kaiserhöfts links im Bild markiert heute die Großbaustelle der Elphilharmonie auf dem Backsteinbau des Kaispeichers A die Einfahrt zur neuen Hafencity sowie zur historischen Speicherstadt.

Gänsemarkt

Ein kleiner Platz im Wandel der Zeit

Um 1900 Auf dem angrenzenden Jungfernstieg, über den die Straßenbahn Fahrgäste in die Altstadt brachte, herrschte schon zu Beginn des 20. Jahrhunderts reges Treiben. Auf dem beschaulichen, dreiecksförmigen Platz am Rande der Verkehrsader wurde 1881 das Denkmal des Dichters Gotthold Ephraim Lessing (1729–1781) enthüllt, der zwischen 1767 und 1770 als Dramaturg am Hamburger Nationaltheater im Ackermann'schen Comödiantenhaus am Gänsemarkt beschäftigt war. Sein Lustspiel „Minna von Barnhelm" wurde hier uraufgeführt. Gänse, wie man vielleicht vermuten könnte, haben auf dem kleinen Platz aller Wahrscheinlichkeit nach nie den Besitzer gewechselt, denn der Gänsemarkt besaß nie Marktrecht. Wahrscheinlich wurden jedoch von hier aus Gänse vor das Dammtor getrieben. Eine andere Erklärung könnte sein, dass der Platz nach Ambrosius Gosen, einem einstigen Besitzer des Grundstücks, benannt wurde.

Der ruhelose Lessing Bis heute umgeben einige malerische, alte Häuser aus der Zeit nach dem Großen Brand von 1842 den kleinen Platz. Sie beherbergen jedoch inzwischen trendige Geschäfte, gut besuchte Fast-Food-Restaurants und angesagte Bars. Daneben prägen die markanten Bauten der Finanzbehörde im Stil der Hamburger Klinker-Architektur (1919–1926) und das Deutschlandhaus (1929) auf der Nordwestseite die Gänsemarktkulisse. Das Lessing-Denkmal fiel nach einem Luftangriff am 18. Juni 1943 von seinem Sockel, wurde dann auf dem Heiligengeistfeld vergraben, kam nach dem Krieg ins „Museum für Kunst und Gewerbe" und wurde 1955 wieder aufgestellt. 1985 wurde es demontiert und nach der Umgestaltung des Gänsemarktes an den Eingang der Gerhofstraße umgesetzt. An der Stelle des abgerissenen Hamburger Nationaltheaters wurde 1959 der UFA-Palast, seinerzeit das größte Kino Europas, errichtet, das seit 2006 allerdings ebenfalls Geschichte ist.

Caffamacherreihe
Aus Alt mach Neu

Neues Gängeviertel So wie das restaurierte Fachwerkhaus an der Ecke zum Valentinkamp erkennen lässt, wird das gesamte Gängeviertel rund um die Caffamacherreihe behutsam restauriert. Die Häuser Caffamacherreihe 37–49 gehören zu den wenigen Zeugnissen von Wohnbauten aus der späten Gründerzeit. Sie wurden zwischen 1885 und 1887 nach den Entwürfen des Hamburger Architekten Carl Feindt, der auch den Bahnhof Sternschanze entwarf, für den Bauherrn Jacob August Eduard Ahlswerde errichtet. Diese und andere unter Denkmalschutz stehende, aber im Verfall begriffene Häuser wurden 2008 an einen niederländischen Investor verkauft, der sie abreißen lassen wollte. Nach lautstarken Bürgerprotesten und der Besetzung durch 200 Künstler wurde der Verkauf schließlich rückabgewickelt und die historischen Gebäude ab 2013 grundsaniert, um das alte Flair des Gängeviertels wiederauferstehen zu lassen.

Um 1950 Auch wenn der Name es anders vermuten lässt, mit Kaffee wurde in der Caffamacherreihe noch nie gehandelt. Vielmehr waren in der kleinen Straße der Neustadt, einer Fortsetzung der Fuhlentwiete, Weber ansässig, die eine schwere Samtstoffart (holländisch „Caffa") anfertigten. Die Handwerker, die sich hier wohl ab 1630 ansiedelten, webten die Seidenstoffe zunächst in Schlingen und schoren sie dann ab. Zeugnisse der alten Werkstätten sucht man in der Caffamacherreihe allerdings vergebens: 1884 wurden die historischen Häuser abgerissen, da die Straßenzüge hier verbreitert wurden, weil eine neue Straßenbahnlinie entstand. Im Gängeviertel, jenem engen Gewirr aus schrägen Fachwerkhäusern zwischen Valentinkamp und Bäckerbreitgang, erblickte auch Johannes Brahms (1833–1897) das Licht der Welt. In der Speckstraße, einer kleinen Gasse, die von der Caffamacherreihe abbiegt, steht heute ein Gedenkstein, der an das 1943 durch Bomben zerstörte Geburtshaus des Komponisten erinnert.

Neuer Wall

Luxusshopping zwischen Jungfernstieg und Stadthausbrücke

Um 1970 Der Einkaufsbummel am Neuen Wall ist schon in den 1970er-Jahren ein Vergnügen, ist die Straße doch bereits eine der feinsten Geschäftsstraßen der Hansestadt. Ihr Name verrät, dass sich an dieser Stelle einst eine Verteidigungsanlage befunden haben muss. In der Mitte des 16. Jahrhunderts wurden die alten Wallanlagen durch eine neu aufgeschüttete Stadtbefestigung ersetzt. Mit dem Bau weiterer Wehrbauten in der Zeit zwischen 1616 und 1625 wurde der Wall überflüssig. 1707 wurde er abgetragen und an gleicher Stelle eine Straße angelegt. Das barocke, 1710 entworfene Görtz-Palais ist das erste hier errichtete Gebäude. In dem prächtigen dreigeschossigen Bau logierten im 18. Jahrhundert die Gesandten des österreichischen Kaisers. Es zählt zu den wenigen Barockgebäuden der Stadt und ist – nach Kriegszerstörung ab 1953 rekonstruiert – bis heute an derselben Stelle zu finden. Bis in die 1930er-Jahre hinein befanden sich am Neuen Wall viele Geschäfte jüdischer Händler und auch der Schriftsteller Heinrich Heine (1797–1856) bewohnte die Straße eine Zeit lang.

Teures Pflaster Gerade im Advent, wenn die Straße in weihnachtlichem Glanz erstrahlt, lockt der Neue Wall zum Schaufensterbummel. In den zum Teil historischen Kontorhäusern befinden sich auch heute noch zahlreiche alteingesessene Hamburger Läden. Und wie einst ist der Neue Wall ein teures Pflaster: Hier kauft man nicht – man investiert, hier wohnt man nicht – man residiert. Designerboutiquen, Herrenausstatter, exklusive Möbelsalons und Juweliere wenden sich hier vor allem an die zahlungskräftige Kundschaft.

Hamburger Rathaus

Kernstück im Zentrum der Verkehrsentwicklung

1913 Zu Beginn des 20. Jahrhunderts sind vor dem Hamburger Rathaus an der kleinen Alster nicht mehr nur Pferdekutschen unterwegs, auch die Straßenbahn passiert den Platz. In die Zeit der Entstehung der ersten elektrischen Straßenbahnen Hamburgs fällt auch der Bau des heutigen Rathauses. Nachdem das alte Rathaus an der Trostbrücke während des Großen Hamburger Brands 1842 gesprengt worden war, um ein Ausbreiten des Feuers zu verhindern, zog die Stadtverwaltung zunächst in ein Provisorium. Zwischen 1886 und 1897 entstand auf über 4000 Eichenpfählen der imposante Sandsteinbau des Hamburger Architekten Martin Haller (1835–1925) im Stil der Neorenaissance. Die monumentale Architektur sowie ein prächtiges Innen- und Außendekor demonstrierten bereits seinerzeit eindrucksvoll das Selbstbewusstsein der Stadt und ihrer Bürger.

Steigendes Verkehrsaufkommen Das Rathaus der Hansestadt Hamburg mit seiner reich verzierten Fassade und dem grünen Kupferdach überstand die Zerstörungen des Zweiten Weltkriegs und zählt heute zu den prächtigsten Regierungsgebäuden des Landes. Seine Außenfassade ist mit zahlreichen Giebeln, dekorativen Erkern und Türmchen verziert, während über dem Portal der Hauptturm 112 Meter in die Höhe ragt. Jeweils ein Teil der 647 Zimmer wird von Senat (Landesregierung), Bürgerschaft (Parlament) und dem Ersten Bürgermeister genutzt und bieten so regelmäßig Staatsempfängen ein stilvolles und würdiges Ambiente. In unmittelbarer Nähe zum verkehrsgünstig gelegenen Rathaus befinden sich heute die Haltestellen der UBahn sowie der Buslinie 5 – mit 50 000 Fahrgästen täglich die meistgenutzte Busverkehrsstrecke Europas.

Rathausmarkt

Entwicklung zum lebendigen Forum

1982 Nach der Zerstörung des alten Rathauses an der Trostbrücke durch den Großen Brand von 1842 wurde der Rathausmarkt von den Architekten Alexis de Chateauneuf (1799–1853) und Gottfried Semper (1803–1879) als neues Stadtzentrum angelegt. Als Ideal diente den beiden Baumeistern hierbei der Markusplatz in Venedig – ein naheliegender Einfall, denn an der Westseite des Rathausmarkts bieten das Ufer der Kleinen Alster sowie die prächtigen Alsterarkaden der Anlage einen reizvollen Rahmen. An Bedeutung gewann der Platz ab 1897, seitdem die Umgebung vom 112 Meter hohen Turm des Rathausbaus überragt wurde. Im Lauf der Zeit erhielt der Rathausmarkt zum wiederholten Male ein neues Gesicht – letztmalig zwischen 1980 und 1982 unter dem damaligen Bürgermeister Hans Ulrich Klose, der den Platz von einem Verkehrsknotenpunkt in ein lebendiges Forum umgestalten ließ, dessen Einweihungsfeier das Bild vom 11. Mai 1982 eindrucksvoll vor Augen führt.

Umgebung im Wandel Das imposante Rathaus gehört zu den prächtigsten Bauten Hamburgs und beherrscht bis heute das Zentrum der Hansestadt. Der Rathausmarkt bietet jedes Jahr Platz für Gourmet- und Weinfeste, Open-Air-Kinovorstellungen, Sportturniere sowie den jährlichen Weihnachtsmarkt. Traditionell sammeln sich hier auch die Teilnehmer politischer Kundgebungen. An der südöstlichen Seite steht heute das im Jahr 1982 fertiggestellte Heinrich-Heine-Denkmal. Der Künstler Waldemar Otto (* 1929) schuf die Statue nach dem Vorbild des 1933 von den Nationalsozialisten zerstörten Heine-Denkmals des Bildhauers Hugo Lederer (1871–1940). An der Kleinen Alster ragt die markante Stele des Ehrenmals für die gefallenen Soldaten des Ersten Weltkriegs in die Höhe. Geziert wird es vom rekonstruierten Relief einer trauernden Mutter mit Kind des Künstlers Ernst Barlach (1870–1938). Am nordwestlichen Ende des Platzes schließt sich das private Kunstmuseum Bucerius Kunst Forum an.

Fleetinsel
Eine Insel im alten Stil wandelt sich sanft

1991 Am Ende des Neuen Walls, zwischen Alster- und Herrengrabenfleet, erstreckt sich die schmale, lange Fleetinsel. Brücken, darunter die historische Heiligengeistbrücke, verbinden das Landstück mit der Neustadt und dem nahe gelegenen Rödingsmarkt. Von Nord nach Süd wird die Insel von der Admiralitätsstraße durchzogen, die um 1772 angelegt und nach einem 1705 hier erbauten Admiralitätszeughaus benannt wurde. Einst war die Insel mit den für Hamburg so typischen historischen Speichern und noblen Wohnhäusern bebaut. Die meisten davon wurden jedoch während des Zweiten Weltkriegs zerstört. Trotz prominenter Lage im Herzen der Hansestadt ließ die Wiederbebauung lange auf sich warten. Bis in die 1980er-Jahre hinein kennzeichneten an vielen Stellen brachliegende Flächen den beschaulichen Landstreifen. Anfang der 1990er-Jahre setzte dann, wie auf dem Bild ersichtlich, ein reger Baubetrieb ein.

Neues Gesicht Die Zeit hat das Gesicht der Fleetinsel entscheidend verändert: In den 1980er-Jahren besann man sich in der Hansestadt vielerorts auf den Stil althamburgischer Backsteinarchitektur. Die noch erhaltenen historischen Häuser wurden unter Denkmalschutz gestellt, schlichte, einheitliche Rotklinkerbauten – zuweilen mit beeindruckenden Glasfassaden – entstanden. Inzwischen hat sich auf der Fleetinsel ein eigenes kleines Viertel entwickelt, in dem sich viele Büros, Geschäfte und Galerien niedergelassen haben. Eine ganz besondere Atmosphäre legt sich mit Einbruch der Dämmerung über die Insel, wenn sich die im ruhigen Wasser der Fleete widerspiegelnden Lichter der Stadt von einem der kleinen Tische der Cafés oder Restaurants aus beobachten lassen.

Rödingsmarkt

Verkehrsdrehscheibe einst und heute

1913 Ein Jahr liegt die Eröffnung der ersten Trasse der Hamburger Hoch- und Untergrundbahn zurück. Die Arbeiten rund um die Haltestelle Rödingsmarkt entlang der Linie sind noch im vollen Gange: Meterweise werden unterhalb des neuen Bahnviadukts Elektrokabel verlegt. Die Brücken sind allesamt aus Stahl gefertigt. Gerade dieser Abschnitt stellte die Statiker vor eine Herausforderung, da die Hochbahn zwischen den U-Bahnhöfen Rödingsmarkt und Rathaus eine Rampe mit einer enormen Steigung bewältigen musste. Auch wenn der Name die Vermutung nahelegt, ist der Rödingsmarkt in seiner Geschichte nie ein Marktplatz gewesen. Die Straße wird bereits im 13. Jahrhundert als „Rodigesmarke" erwähnt, eine Bezeichnung, die einer möglichen Erklärung zufolge auf den Namen (Rodiger, Rüdiger) eines Anwohners der westlichen Stadtgrenze, der „Marke", zurückgeht. Eine andere Theorie besagt, dass als Röding der junge Hering bezeichnet wurde, der hier angelandet und über das Rödingsmarktfleet abtransportiert wurde. Dieses Fleet zwischen Mönkedammfleet und Binnenhafen wurde Ende des 19. Jahrhunderts zugeschüttet und mit einer Straße überbaut. Dort befindet sich seit 1912 das Hochbahn-Viadukt.

Entlang der Ringlinie Spricht man heute vom Rödingsmarkt, so verbindet man damit den wichtigen Verkehrsknotenpunkt, an dem sich die Straßen Rödingsmarkt, Alter Wall, Graskeller und Großer Burstah kreuzen. Die Ringlinie der Hamburger U-Bahn, die nach Berlin die zweite in Betrieb genommene Untergrundbahn Deutschlands ist, verläuft stellenweise überirdisch und ist die längste Hamburger Viadukttrasse. Fährt man mit der U-Bahn auf der Ringlinie, taucht direkt an den Landungsbrücken einer der schönsten oberirdischen Streckenabschnitte aus dem Tunnel auf. Dann drehen sich alle Köpfe in Richtung Hafenkulisse. Bevor es an der Börse wieder unter die Erde geht, passiert man die Haltestellen Baumwall und Rödingsmarkt.

Mönkedamm

Vom Mönchsweg zur Hochbahntrasse

1913 Das Mönkedammfleet umrahmt von Häuserzeilen und der Mönkedamm durchzogen von den erst einige Jahre zuvor verlegten Bahngleisen. Die Arbeiten an der Hochbahn in der Innenstadt hatten im Dezember 1906 auf dem Adolphsplatz begonnen. Der Mönkedamm verdankt seinen Namen den Franziskanermönchen des einstigen Maria-Magdalenen-Klosters, die täglich vor den Häusern am Damm wandelten, um von den ansässigen Bürgern Geld und Brot zu erbitten. Das am alten Wall auf dem Gelände der heutigen Börse errichtete Kloster wurde der Stadt um das Jahr 1230 von Adolf IV., Graf von Schauenburg und Holstein (vor 1205–1261), als Dank an die heilige Maria Magdalena für die gewonnene Schlacht gegen die Dänen bei Bornhöved gestiftet. In der Reformationszeit wurde das Kloster aufgelöst und die Räume bedürftigen Frauen zur Verfügung gestellt. 1837/1838 musste es wegen Baufälligkeit abgerissen werden.

Unscheinbares Dasein Unter der Hochbahntrasse zweigt das Mönkedammfleet ab, geht in der Straße Großer Burstah in das Nikolaifleet über und mündet schließlich in den Binnenhafen. Der östliche Teil der Steilrampe im Mönkedammfleet wurde bereits zwischen 1907 und 1908 ausgeführt. Wegen des lockeren Untergrunds rund um den Rödingsmarkt mussten hier beim Hochbahnbau bis zu zehn Meter lange Eisenbetonpfähle in das Fleet getrieben werden. Heute werden Mönkedamm und Fleet von Tausenden von Menschen auf der U-Bahn-Strecke der Linie 3 in die Innenstadt passiert – und dennoch meist kaum wahrgenommen. Umso erstaunlicher, da die Trasse hier zwischen Rödingsmarkt und Börse oberirdisch verläuft und über mehrere hundert Meter einen schönen Blick auf die Umgebung freigibt.

Hamburgs Börse

Die Wiege des Wertpapierhandels wird untertunnelt

1910 Die Schienen der elektrisch betriebenen Straßenbahn führen seit 1894 direkt an der klassizistischen Fassade der Hamburger Börse vorbei. Diese wurde 1558 gegründet und ist damit die älteste deutsche Wertpapierbörse. Ihren ersten Sitz bezog sie 25 Jahre später an der Trostbrücke. Im 19. Jahrhundert wurde mit wachsendem Handelsbetrieb ein Neubau notwendig, sodass 1841 die „Neue Börse" am Adolphsplatz eingeweiht wurde. Mit der Fertigstellung des neu gebauten Rathauses 1897 auf der Rückseite der Börse wurde die Börsenfassade im Stil dem Rathausbau angepasst.

Transportwege unter der Börse In der Folgezeit musste das Börsengebäude mehrfach erweitert werden. Der spätklassizistische Ursprungsbau der Börse ist jedoch bis heute erhalten und bildet den mittleren Teil des Ensembles. Eine besondere Herausforderung stellte der bis 1912 dauernde Bahntrassenbau in unmittelbarer Nähe dar. Beim Bahnbau stießen die Arbeiter auf 500 Skelette eines alten Klosterfriedhofs, die umgebettet werden mussten. Während des Zweiten Weltkriegs wurde das Börsengebäude stellenweise stark beschädigt, aber 1949 wurde wieder mit der Rekonstruktion der historischen Architektur begonnen. Seit 1952 steht das Börsengebäude unter Denkmalschutz. Heute befinden sich in den Sälen vier verschiedene Einzelbörsen: die Allgemeine Börse, die Versicherungs-, die Getreide- und die Wertpapierbörse. Weitere Räume werden von der Handelskammer zu Verwaltungs- und Repräsentationszwecken genutzt.

Deichstraße

Saniertes Kleinod am Nikolaifleet

Um 1935 Zwischen St.-Nikolai-Ruine und Speicherstadt erstreckt sich eines der letzten erhaltenen Speicherensembles aus dem 17. und 18. Jahrhundert: die Deichstraße. Das Gebiet südlich des Altstadtkerns wurde ab etwa 1200 bebaut, als man mit der Eindeichung des Elbvorlands begann. Im Lauf der Zeit entstanden an der Deichstraße die für Hamburg einst so typischen Fleetenspeicher. Sie dienten als Lager- und Kontorhäuser und zugleich als Wohnraum. Die Gebäudefronten wiesen zur Straße, die Rückseiten zum Nikolaifleet, dem ursprünglichen Alsterlauf. Auf diese Weise konnten die Schuten direkt an den Häusern anlegen und hier ihre Waren ausladen. Gerade in dieser malerischen althamburgischen Straße brach 1842 einer der verheerendsten Brände in der Geschichte der Hansestadt aus, der sogenannte Große Brand. Das Feuer wütete zwischen dem 5. und 8. Mai und zerstörte große Teile der Hamburger Altstadt, darunter die Nikolai- und die Petrikirche.

Cafés und Restaurants Heute ist die Deichstraße mit ihrem hübschen Ensemble althamburgischer Häuser eine beliebte Flanierstraße für Einheimische und Touristen. Bei einem Rundgang von der Ruine der Nikolaikirche in die Speicherstadt und zur HafenCity passiert man sie nahezu automatisch. Im Lauf der Geschichte hat die Straße nicht nur den Großen Brand, sondern auch die Bombardements des Zweiten Weltkriegs und die Sanierungswellen zu Beginn des 20. Jahrhunderts überstanden. Dass dieses Fleckchen altes Hamburg nicht den Stadtplanungen der 1970er-Jahre zum Opfer fiel, ist dem „Verein Rettet die Deichstraße" zu verdanken. Mit Spendengeldern gelang es, die Gebäude instand zu setzen und so zu erhalten. In den ehemaligen Speicherhäusern befinden sich heute hübsche Cafés und Restaurants. Zwischen einigen der historischen Häuser führen schmale Fleetgänge direkt ans Wasser. Manche der Restaurants haben Ponton-Terrassen, von denen aus Besucher den herrlichen Blick auf das Nikolaifleet genießen können.

Cremon

Keine Insel mehr – doch immer noch Touristenattraktion

1913 Die Cremon ist eine der ältesten Straßen Hamburgs. Sie lag auf der gleichnamigen Marschinsel, die von Nikolai-, Mühren- und Katharinenfleet umgeben wurde. Die kleine Insel diente den ersten Siedlern der Hamburger Neustadt als Weideland. Ende des 12. Jahrhunderts wurde sie eingedeicht und besiedelt. Am Nikolaifleet errichteten zunächst überwiegend Kaufleute ihre Häuser und Speicher. Von Fleeten umgeben und in Hafennähe bot die Cremon-Insel beste Voraussetzungen zum Warenumschlag. Im Lauf des 20. Jahrhunderts wichen die typischen schmalen Bauten nach und nach den größeren Kontorhäusern. Die Luftangriffe des Zweiten Weltkriegs hinterließen auch in der Cremon ihre Spuren: 1946 wurde das Katharinenfleet an der Cremon zugeschüttet, womit der Inselcharakter der Gegend zu schwinden begann.

Althamburgische Schätze An die Cremon-Insel erinnert heute lediglich der Straßenname sowie die Bezeichnung einer Brücke über die nahe gelegene Willy-Brandt-Straße. In der Cremon selbst reihen sich heute meist schlichte Neubauten aneinander. Dazwischen sticht ein hübsches Ensemble von vier ehemaligen Speicherhäusern ins Auge. Sie stehen den schmalen Fleetfronten althamburgischer Häuser an der Deichstraße schräg gegenüber. Heute zählt das Viertel am Cremon mit seinen historischen Speichern und der restaurierten Deichstraße zu den schönsten und beliebtesten Touristenzielen der Stadt.

St. Katharinenkirche

Nachkriegszeitliche Rückkehr zur alten Pracht

Um 1930 Die markanten Türme der St. Katharinenkirche auf der rechten und der Nikolaikirche auf der linken Seite prägen das historische Stadtbild im Hamburger Brookviertel. Nachdem die Hansestadt im Mittelalter durch Eindeichungen neue Siedlungsflächen geschaffen hatte, entstand St. Katharinen Mitte des 13. Jahrhunderts als dritte Hamburger Hauptkirche. Seitdem gab es am Kirchengebäude eine rege Bautätigkeit: Das spätgotische, backsteinerne Kirchenschiff entstand im 14. und 15. Jahrhundert, in den Jahren 1656/57 erhielt das Gotteshaus seinen markanten barocken Turmhelm.

Gotteshaus in Trümmern Nach den Bombardements des Zweiten Weltkriegs lag die St. Katharinenkirche im Jahr 1945 in Trümmern. Ohne ihren eindrucksvollen Turmhelm war das evangelische Gotteshaus kaum wiederzuerkennen. Das Kirchenschiff war stark beschädigt, das Innere der Hallenkirche nahezu vollständig ausgebrannt. Lediglich die Außen- und Turmmauern blieben weitgehend erhalten.

Fast wie in alten Zeiten Von der Pickhubenbrücke in der Speicherstadt bietet sich auch heute ein herrlicher Blick auf die Kirchtürme der Hansestadt. Der wieder errichtete Turm St. Katharinens mit seiner grün patinierten barocken Haube zählt zu den schönsten Norddeutschlands. Nach Kriegsende diskutierte man über den Abriss des Gotteshauses, entschied sich letztlich jedoch für den Wiederaufbau nach alten Plänen. 1957 komplettierte der rekonstruierte, 116 Meter hohe Turm wieder die Stadtsilhouette. Von der reichen Innenausstattung sind heute nur noch zwei Epitaphe, die Stundenglocke in der Turmhalle aus dem Jahr 1454 und eine hölzerne Statue der Heiligen Katharina aus der ersten Hälfte des 15. Jahrhunderts erhalten. Die Innenausstattung der Kirche besteht im Wesentlichen aus Neuerwerbungen und Werken der Nachkriegszeit – darunter Altar, Chorfenster und Kemper-Orgel. Die Türportale stammen aus alten Hamburger Kaufmannshäusern. In der Vorhalle erinnert eine Gedenktafel des Bildhauers Gerhard Marcks (1889–1981) an die Opfer des 1957 gesunkenen Hamburger Segelschulschiffs „Pamir". Nachdem die Gemeinde nach dem Krieg mehr und mehr geschrumpft war, wird derzeit mit dem Bau der nahen HafenCity das Einzugsgebiet von St. Katharinen erweitert, sodass die Gemeinde wieder wachsen kann.

Mönckebergstraße

Wieder errichtetes Geschäftszentrum in der Altstadt

1944 Die Hamburger Mönckebergstraße unmittelbar nach einem Luftangriff: Trümmer, Schutt und Asche bedecken den Platz, die Fenster der Häuser sind zertrümmert und eine Staubwolke schiebt sich durch die Straße. Keines der Gebäude ist älter als 35 Jahre. Mit zunehmendem Bedarf an Büroräumen und einer zeitgemäßen Verkehrsanbindung des Zentrums zu Beginn des 20. Jahrhunderts war unter Bürgermeister Johann Georg Mönckeberg (1839–1908) der Beschluss zur Umgestaltung der Altstadt ergangen. Das Gängeviertel im südöstlichen Teil der Altstadt musste der Entstehung eines breiten Boulevards zwischen Rathaus und Hauptbahnhof weichen. Stadtplaner Fritz Schumacher (1869–1947) rief eine Kunstkommission ins Leben, die für ein konsistentes Erscheinungsbild der Straße sorgen sollte. Am 26. Oktober 1909 war es dann so weit: Hamburgs zentrale Geschäftsstraße und Hauptverkehrsader wurde eingeweiht. Die Mönckebergstraße entwickelte sich in der Folgezeit schnell zum Geschäftszentrum der Stadt. In prächtigen Kontorgebäuden eröffneten Kaufhäuser ihre Läden. Im Verlauf des Zweiten Weltkriegs wurden jedoch viele der Gebäude zerstört oder schwer beschädigt.

Boutiquen und Kaufhäuser Trotz der Zerstörungen des Zweiten Weltkriegs blieben einige der historischen Kontorhäuser erhalten, darunter unter anderem der Barkhof (1910), das Hammonia-Haus (1913), das Rappolt- (1912) und das Klöpperhaus (1912), in dem heute eine Kaufhauskette ihren Sitz hat. Auch das Passage-Kino befindet sich bereits seit 1912 am Boulevard und zählt heute zu den ältesten Filmpalästen der Stadt. Heute kennzeichnen Boutiquen und Kaufhausfilialen das Straßenbild. Auch wenn sie inzwischen stadtweite Konkurrenz durch attraktive Passagen und neue Einkaufszentren bekommen hat, gilt die Mönckebergstraße nach wie vor als die beliebteste Shoppingmeile der Hansestadt.

Steinstraße

Hinterhofatmosphäre statt Fachwerkgassen

Hinterhöfe im Kontorhausviertel Immer noch dicht bebaut zeigt sich die Straße: Inzwischen blickt man auf der Rückseite der Steinstraße oftmals auf zugebaute Höfe. Aber auch einige Gebäude des historischen Ensembles des Kontorhausviertels, das von der Steinstraße nördlich und der Willy-Brandt-Straße südlich begrenzt wird, sind noch erhalten. Zu den bekanntesten Kontorhäusern zählen hier der kubusförmige Klinkerbau des Sprinkenhofs (1927–1943) und das Pressehaus (1938), in dem früher mehrere Verlage arbeiteten. Auch heute hat dort noch „DIE ZEIT" ihre Redaktion. 1960 wurde die U-Bahn-Station Steinstraße als Teil der neu gebauten Strecke der Linie U1 eingeweiht. Am Eingang erinnert heute nur noch ein Wandmosaik an die ehemalige Volksbadeanstalt, deren Reste in den 1950er-Jahren beim Bau der City-Hof-Häuser abgerissen wurden.

Um 1905 Eine typische Hamburger Szenerie zu Beginn des letzten Jahrhunderts: In der schmalen Altstadtgasse der Steinstraße schaut eine junge Mutter, aufmerksam beobachtet von ihrer kleinen Tochter, sorgsam nach dem Kinderwagen. Umrahmt wird das Bild von schlichten Fachwerkfassaden, die an der Frontseite ihr stilvolles Gesicht offenbaren. Da ein Großteil der Bevölkerung, vor allem die unteren Arbeiterschichten, keinen Zugang zu fließendem Wasser für die tägliche Hygiene hatte, entstanden ab 1855 in Hamburg, so auch hier in der Steinstraße, die ersten deutschen Volksbäder, öffentliche Badeanstalten mit Dusch- oder Wannenbädern. Viele der kleinen Häuser entlang der Straße mussten jedoch Anfang des 20. Jahrhunderts den neu entstehenden Kontorgebäuden der Kaufleute weichen und an der Südseite der Steinstraße entstand das sogenannte Kontorhausviertel.

Mohlenhofstraße

Wohn- und Kontorhausgegend in der Entwicklung

1913 Enge Gassen und schmale, mehrstöckige Fachwerkhäuser – ein typisches Straßenbild aus dem Hamburger Gängeviertel. Bis zum Beginn des 20. Jahrhunderts wohnte die Bevölkerung in großen Teilen der Altstadt noch dicht an dicht. So auch in der kleinen Mohlenhofstraße zwischen Steinstraße und Burchardplatz im südöstlichen Teil der Hamburger Altstadt. Bis 1899 trug die Mohlenhofstraße den Namen Altstädter Fulentwiete. Ihre Umbenennung verdankt die Straße dem Mölenhof der Schauenburger Grafenfamilie. Ab 1909 konkretisierte Stadtplaner Fritz Schumacher (1869–1947) die Idee der Citybildung. Im Rahmen dessen wurde ein Teil des Gängeviertels abgerissen und auf dem Areal entstanden ab 1920 ganze Straßenzüge von Kontorhäusern neu. Damit erhielt das Quartier ein neues Gesicht: Aus der einstigen Wohngegend der kleinen Leute wurde ein Bürohausviertel der Kaufleute.

Wohnen im Kontorhausviertel Bis heute dominieren in der Mohlenhofstraße die typischen Hamburger Klinkerfassaden der Kontorhäuser. In den Erdgeschossen beherbergen sie kleine Geschäfte und Cafés, in den oberen Stockwerken befinden sich Wohnungen oder Büros. Im Hintergrund blickt man auf das mächtige Chilehaus, den wohl bekanntesten Bau im Kontorhausviertel im Stil des Klinkerexpressionismus. Auch der Altstädter Hof (1935/37) mit seinen Sandsteinskulpturen, der expressionistische Montanhof, der monumentale Sprinkenhof oder das Pressehaus, im dem heute die Redaktion der *Zeit* residiert, sind einen Blick wert. Wie auch der mächtige Meßberghof, der ursprünglich nach dem jüdischen Hamburger Reeder Albert Ballin benannt worden war, seit 1938 aber seinen heutigen Namen trägt.

Meßberg

Vom Marktplatz zum Verkehrsknotenpunkt

1913 Schon seinerzeit ein eher ungewöhnlicher Anblick: der nahezu leere Platz am Meßberg. Denn der Platz in der Hamburger Altstadt gehörte seit Langem zu den Hauptmarktplätzen der Hansestadt und zählte neben dem Hopfenmarkt zum traditionellen Großmarkt. Die Vierländer, Altenländer und Bardowicker Bauern brachten hier seit 1693 Gemüse, Obst und Blumen, aber auch Milch- und Fleischerzeugnisse an die Hamburger Kundschaft. Zu Beginn des 20. Jahrhunderts priesen hier rund 400 Händler ihre Waren an. Der Name des Platzes ist seit 1458 als „Mesberch" – aufgrund des Gebrauchs als Abfalllagerplatz vor der Bebauung wohl als „Mistberg" zu übersetzen – belegt. Die umstehenden Fachwerkhäuser stammen aus dem 17. bis 19. Jahrhundert. Den Platz zierte seit 1878 der Vierländer-Brunnen, dessen Skulptur einer Vierländer Bäuerin seither das Marktgeschehen am Meßberg überwachte. 1911 zogen die Stände zum neu erbauten Großmarkt auf den nahe gelegenen Deichtorplatz um. Heute steht der Marktbrunnen verloren auf dem nahen Hopfenmarkt vor der Ruine der Nikolaikirche.

„Citybildung" Seit Anfang des 20. Jahrhunderts gibt es für das Gebiet rund um den Meßberg Pläne zur Wohnraumschaffung. Unter Baudirektor Fritz Schumacher (1869–1947) kam die Idee der Citybildung auf, die dem Bedarf der Kaufleute nach neuen Büros gerecht werden wollte. Als die Gegend saniert wurde, siedelte man die Bewohner des Viertels kurzerhand in die Jarrestadt nach Winterhude und in die Veddel um. Zwischen Meßberg, Steinstraße, Klosterwall und Brandstwiete entstand ein neues Kontorhausviertel. Neben neueren Bürogebäuden und breiten, verkehrsreichen Straßen prägen bis heute alte Kontorbauten die Gegend. Das architektonisch spektakulärste unter ihnen ist wohl das Chilehaus, das zwischen 1922 und 1924 nach Plänen des Architekten Fritz Höger (1877–1949) für den im Salpeterhandel mit Chile tätigen Kaufmann Henry Sloman (1848–1931) gebaut wurde. Es steht, wie auch die Speicherstadt und der Jüdische Friedhof Altona, auf der deutschen Vorschlagsliste für das Weltkulturerbe der UNESCO.

Niedernstraße

Neuaufbau in Zeiten der Cholera

1913 Inmitten der Hamburger Altstadt befindet sich die Niedernstraße. Schmale Häuser, enge Gassen und eine dichte Bebauung prägen seit dem 17. Jahrhundert das Bild des sogenannten Gängeviertels. Nach dem Großen Brand von 1842 war die Wohnungsnot der Hamburger immens: Die Bebauung der Altstadt wurde immer dichter und in den dunklen Straßen herrschten teils katastrophale hygienische Verhältnisse. Doch erst die zehn Wochen lang wütende Choleraepidemie von 1892, in deren Verlauf in Hamburg weit über 16 000 Menschen erkrankten und mehr als 8500 starben, bewegte den Senat zu einer grundlegenden Sanierung.

Viertel unter Denkmalschutz Zu Beginn der 1920er-Jahre erfolgte der Abriss des südöstlichen Bereichs der Hamburger Altstadt zwischen Steinstraße, Meßberg und Brandstwiete. An die Stelle der kleinen, schmalen Häuser traten große Kontorgebäude im Stil des Klinkerexpressionismus – die Geburt des Kontorhausviertels. Als erster Bau wurde 1921–1922 das Kontorhaus „Miramar" (hier im Bildhintergrund) errichtet. Seit 1928 erhebt sich zwischen Burchardplatz und Niedernstraße das Kontorhaus Mohlenhof mit seiner typischen Backsteinfassade und der monumentalen Merkur-Figur des Bildhauers Richard Kuöhl (1880–1961) über dem Eingang. Es wurde 2003 als letzter Teil eines Ensembles von Kontorhäusern im Gängeviertel unter Denkmalschutz gestellt.

Lange Mühren/Steinstraße

Moderne Bauten am alten Handelsweg

Um 1900 Moderate Betriebsamkeit auf den Straßen – so präsentiert sich Hamburgs pittoreske Altstadt zu Beginn des 20. Jahrhunderts. Auf der breiten Steinstraße und in den Langen Mühren herrscht beschauliche Geschäftigkeit: Die kleinen Läden, Werkstätten und Restaurants haben ihre Markisen ausgefahren, Anwohner spazieren auf den Gehwegen und Kutschen rattern über das Pflaster. Den innerstädischen Personennahverkehr gewährleistete bereits ab 1839 bis in die Zeit der beginnenden Motorisierung die erste deutsche Pferdebuslinie, die Passagiere von der Steinstraße zum Altonaer Rathausmarkt beförderte. Die Steinstraße ist bereits im 13. Jahrhundert Hamburgs Hauptverkehrsader. Als wichtige Handelsverbindung nach Lübeck wurde die um 1270 erstmals schriftlich erwähnte Straße im 13. Jahrhundert zu Hamburgs erstem gepflasterten Streckenabschnitt. Auch das Steintor, das in der Verlängerung der Steinstraße liegt, verdankt der Pflasterstraße seinen Namen. Der Straßenname „Lange Mühren" geht auf die einstige, um 1240 entstandene Stadtmauer der Hansestadt zurück, die um 1250 die gesamte Innenstadt umgab. Der Grundriss des Fahrwegs erinnert an deren Verlauf und prägt bis heute das Stadtbild.

Massive Ansichten Auf den Straßen der Innenstadt haben inzwischen motorisierte Fahrzeuge das Sagen. Und wo einst kleine Betriebe und stattliche Bürgerhäuser standen, dominieren heute meist die massiven Fronten der ab den 1950er-Jahren errichteten Büro- und Geschäftshäuser. Doch an der Südseite der Steinstraße haben sich auch einige Bauwerke des historischen Kontorhausviertels behauptet: Das Ensemble aus Bürogebäuden des frühen 20. Jahrhunderts erstreckt sich zwischen Stein- und Willy-Brandt-Straße in der Hamburger Altstadt. Beispiel hierfür ist die in den Jahren 1921 bis 1924 im neoklassizistischen Stil errichtete Hauptverwaltung des Karstadt-Konzerns mit ihrer säulengeschmückten Sandsteinfassade. Heute sind hier Finanzämter untergebracht.

Hamburger Hauptbahnhof
Geschichtlicher und architektonischer Wandel

1936 Dampfend verlässt die Lokomotive 05 002 den Hamburger Hauptbahnhof. Erst ein Jahr zuvor war die damals schnellste Lokomotive der Welt von den Borsig-Lokomotivwerken in Berlin gebaut worden. Drei Jahre nach der Machtergreifung ist das Hakenkreuz als Zeichen der deutschen Nationalsozialisten auch am Hamburger Bahnhofsgebäude allgegenwärtig. Der Hamburger Bahnverkehr hingegen kann bereits auf eine längere Tradition zurückblicken: Um 1870 endeten in der Hansestadt vier Eisenbahnstrecken, von denen jede in Hamburg einen eigenen Bahnhof besaß: Der Berliner, der Lübecker, der Venloer und der Klostertor-Bahnhof lagen dabei nur wenige hundert Meter voneinander entfernt. Im Jahr 1899 war die Schaffung eines Zentralbahnhofs beschlossene Sache: Zwischen der Altstadt und dem Stadtteil St. Georg auf dem Areal des einstigen Stadtwalls entstand der Hamburger Hauptbahnhof. Im Dezember 1906 wurde der Neorenaissancebau eröffnet.

Moderne Atmosphäre Hamburg heißt die Welt willkommen: Ein riesiges Plakat an der imposanten Bahnhofshalle begrüßte während der Fußball-Weltmeisterschaft 2006 die anreisenden Hansestadtbesucher. Der Hamburger Hauptbahnhof hat eine wechselvolle Geschichte hinter sich. Im Zweiten Weltkrieg beschädigten Bombardements die Stahl-Glas-Konstruktion trotz Tarnabdeckung so schwer, dass die Stadt nach 1945 sogar den Abriss diskutierte. Das Bahnhofsgebäude blieb zwar erhalten, wurde jedoch nur wenig atmosphärisch wiederhergestellt. Wie bei vielen anderen Großstadtbahnhöfen entwickelte sich die Gegend um den Hamburger Hauptbahnhof in den 1980er-Jahren zum Brennpunkt der Drogenszene. Das änderte sich jedoch mit der Restaurierung im Jahr 1991: Die Wandelhalle erhielt eine moderne zweigeschossige Einkaufspassage mit vielen Geschäften und einer kulinarischen Meile. Heute können Bahnhofsbesucher hier an sieben Tagen in der Woche zwischen 6 und 23 Uhr nach Herzenslust bummeln.

Hamburger Kunsthalle

Galerie der Vergangenheit und Gegenwart

1955 Zwischen Hauptbahnhof und Binnenalster besticht der prachtvolle Bau der Hamburger Kunsthalle durch sein weihevolles Äußeres. Das kulturelle Aushängeschild der Stadt verdankt seinen Ursprung dem im Jahr 1817 gegründeten Hamburger Kunstverein, der im Jahr 1850 eine städtische Gemäldegalerie in den Börsen-Arkaden eröffnet hatte. 1869 zog die Sammlung in die im Stil der italienischen Renaissance errichtete Kunsthalle. Die Geschichte des Museums ist untrennbar mit dem Namen des Kunsthistorikers Alfred Lichtwark (1852–1914) verwoben, der 1886 zum ersten Direktor der kulturellen Institution wurde. Neben dem Ausbau der Gemäldegalerie und des Kupferstichkabinetts galt sein besonderes Augenmerk vor allem der Hamburger Lokalkunst. In der Folgezeit erwirbt das Museum Ausstellungsstücke weltweit bekannter Künstler, unter anderem eine Sammlung holländischer Gemälde aus dem 17. Jahrhundert sowie französische und deutsche Malerei des 19. und frühen 20. Jahrhunderts, darunter Werke von Philipp Otto Runge, Caspar David Friedrich und Max Liebermann.

Neuer Museumstempel für die Hansestadt Neben dem historischen Ausstellungsgebäude erhebt sich seit 1997 ein augenfälliger heller Kubus, der das Kunstmuseum durch die „Galerie der Gegenwart" ergänzt und mit diesem unterirdisch verbunden ist. Seit der letzten Erweiterung des Hauses wurde die Sammlung immer wieder durch neue Kunstwerke und Abteilungen ergänzt. So stellt etwa die neue Gegenwartsabteilung Werke internationaler Künstler von der Pop-Art bis heute vor. Im März 2007 errichtet der Künstler Gregor Schneider zwischen Kunsthalle und Galerie der Gegenwart eine umstrittene Skulptur zur Ausstellung „Das schwarze Quadrat – Hommage an Malewitsch". Schneiders wuchtiger schwarzer Kubus, der das 1915 entstandene Gemälde „Das schwarze Quadrat" des russischen abstrakten Künstlers Kasimir Malewitsch (1878–1935) zum Thema hat, erinnert an die Kaaba in Mekka, dem heiligsten Ort des Islams. Die Kunstbiennale in Venedig und der Hamburger Bahnhof in Berlin hatten das Projekt wegen der Befürchtung von Konflikten mit muslimischen Gläubigen abgelehnt.

Innenstadt

Zerstörung und Wiederaufbau

1944 Aus der zerbombten Ruine des Restaurants Remter am Alstertor in der Hamburger Innenstadt steigt Qualm. Löschmannschaften versuchen den Brand einzudämmen und Passanten und Hilfskräfte bahnen sich ihren Weg durch die Trümmer und versuchen zu retten, was noch zu retten ist. Nach den schweren Luftangriffen der Jahre 1943 und 1944 lag die Hamburger Altstadt in weiten Teilen in Trümmern. Die meisten Kontorhäuser waren nur mehr ausgebrannte Ruinen und die breite Mönckebergstraße sowie viele ihrer Nebenstraßen mit Schutt gepflastert. Bis Kriegsende war die Hansestadt Ziel von mehr als 150 Luftangriffen. Die schwersten Bombardements mussten die Hamburger im Sommer 1943, während der zehn Tage andauernden Luftangriffe, überstehen. Im Zuge der sogenannten „Operation Gomorrha" wurden etwa 70 Prozent der Stadt zerstört und es starben etwa 10 000 Menschen.

Neue Strukturen Sieht man die Bilder von einst, ist es kaum zu glauben, dass inmitten der Trümmerlandschaft schon bald wieder die ersten Geschäfte öffneten. Einige der stattlichen Kontorhäuser rund um die Mönckebergstraße wurden nach dem Krieg wiederaufgebaut oder teilrekonstruiert, sodass sich die Hamburger Flaniermeile im Gegensatz zu vielen anderen Straßenzügen der Hansestadt noch heute als stimmiger Komplex zeigt. Währenddessen hat sich durch die Kriegszerstörungen das Aussehen der Stadt vielerorts verändert: Einstmals in Straßenzüge integrierte Kirchen wie die Nikolaikirche oder der Michel stehen heute architektonisch verwaist und isoliert, mehrspurige Verkehrswege wie die Ludwig- Erhard-Straße zerschneiden ganze Stadtviertel, die für Hamburg typischen Fleete verschwanden, zugeschüttet mit Trümmern, zunehmend aus dem Stadtbild und aus alten Wohn- und Arbeitervierteln wurden oft Büro- und Gewerbegebiete ohne jegliches Flair.

Junge Bewohner Wandmalereien und Graffiti sind typisch für das Hamburger Karolinenviertel, das für seine alternative und kreative Szene bekannt ist.

In den Stadtteilen

Vielfältige Hansestadt Neben den bekannten Attraktionen zwischen Alster, Elbe und Innenstadt hat Hamburg in den angrenzenden Stadtteilen und Vierteln noch so manchen Geheimtipp zu bieten. Zu nennen wäre da beispielsweise das einst dänische und bis 1937 eigenständige Altona mit seinem Volkspark, in dem das Herz der HSV-Anhänger höher schlägt. Daneben zählen das Karoviertel zwischen dem ehemaligen Schlachthof und der Feldstraße und das Schanzenviertel zu den lebendigsten Quartieren der Stadt. Hier befinden sich zahllose Bars und Cafés, dazwischen heben sich alternative Szeneläden wohltuend vom großstädtischen Shopping-Einerlei ab.

Wissmann-Skulptur
Von Daressalam an die Elbe

1926 Pompös inszeniert begehen Burschenschaften die Feier der Hamburger Kolonialwoche vor dem Wissmann-Denkmal. Vier Jahre zuvor war die Bronzestatue eingeweiht worden. In den 1880er-Jahren hatte sich Hermann von Wissmann (1853–1905) aufgrund mehrerer Expeditionen durch Mittelafrika einen Namen als Afrikaforscher gemacht. Nach Aufständen in Deutsch-Ostafrika 1888 bis 1890 hatte ihn Reichskanzler Otto von Bismarck (1815–1898) zum Befehlshaber der dortigen kaiserlichen Truppen ernannt. Vier Jahre nach seinem Tod wurde von Wissmann in Daressalam ein Denkmal errichtet. Mit dem Verlust der kolonialen Gebiete nach dem Ersten Weltkrieg gelangte die Wissmann-Skulptur in englischen Besitz. Die Briten verkauften die Bronzestatue nach Deutschland. Hier wurde sie 1922 vor dem Kolonial-Institut, dem heutigen Universitätsgebäude, aufgestellt.

Schicksal eines Kolonial-Denkmals Während viele Deutsche von Wissmann nach seinem Tod als Kolonialhelden feierten, wurden bereits zu dieser Zeit erste Stimmen laut, die sein grausames Vorgehen bei der auf seinen Befehl hin erfolgten blutigen Niederschlagung der sogenannten „Araberaufstände" verurteilten. 1967 schließlich planten Studenten, das Symbol des deutschen Kolonialismus vom Sockel zu holen. Der erste Versuch misslang, doch schon ein Jahr später stürzten sie die Statue und bemalten sie mit roter Farbe. Seither ist die Skulptur im Keller der Bergedorfer Sternwarte eingelagert. Auf dem Platz vor dem Universitätsgebäude erinnert heute nichts mehr an das Wissmann-Denkmal.

Jüdischer Friedhof

Geschaffen für die Ewigkeit

1938 An der Altonaer Königstraße befindet sich einer der eindrucksvollsten jüdischen Friedhöfe der Welt. Neben seinem Alter ist er vor allem aufgrund seiner gut erhaltenen, historisch wertvollen Grabsteine von Bedeutung. Da es den vor der Inquisition aus Portugal geflüchteten, sephardischen Juden Hamburgs verboten war, eigene Friedhöfe in der Stadt anzulegen, erwarben sie 1611 im toleranten, dänischen Altona eine Begräbnisstätte. Wenige Jahre später legte auch die Gemeinde der mittel- und osteuropäischen aschkenasischen Juden Altonas in direkter Nachbarschaft einen Friedhof an. Dass beide Areale im Laufe der Jahrhunderte zusammenwuchsen, ist eine weitere Besonderheit des 1869 geschlossenen Friedhofs. Dabei zeigen sich deutliche Unterschiede der beiden jüdischen Kulturen: Der sephardische Teil wird von liegenden Grabplatten mit portugiesischen Inschriften geprägt, während aufrechte Säulen mit hebräischen Inschriften auf Gräber der Aschkenasen hindeuten. Während der Zeit des Nationalsozialismus blieben die meisten jüdischen Friedhöfe – im Gegensatz zu den Synagogen – glücklicherweise von allzu grausamen Schändungen verschont, so auch in Hamburg, wo die meisten Gräber den Nazischergen entgingen.

Wertvolles Erbe Hatte der Friedhof die nationalsozialistische Zeit weitestgehend unbeschadet überstanden, wurde das Areal in der Nachkriegszeit vernachlässigt. Dennoch sind von den einst 8000 Grabsteinen bis heute mehr als 6000 erhalten. Zu den bekanntesten Toten auf dem Friedhof Königstraße zählen Fromet Mendelssohn (gest. 1812), die Großmutter des Komponisten Felix Mendelssohn Bartholdy, sowie Samson Heine (1764–1828), der Vater des Dichters Heinrich Heine. In den vergangenen Jahren erforschten Wissenschaftler die Gräber. Sie geben Aufschluss über die Biografien der Toten und das jüdische Leben Hamburgs der vergangenen Jahrhunderte. Mehrmals wöchentlich steht der Friedhof Besuchern offen, und auch Führungen werden angeboten, bei denen Besucher tief in die jüdische Geschichte der Hansestadt eintauchen können. Derzeit gibt es Pläne, den Jüdischen Friedhof Altona für das UNESCO-Weltkulturerbe vorzuschlagen.

Arena im Volkspark

„Hamburg, deine Perle" – Ein Stadion verändert sich

1974 Seit Jahrzehnten pilgern die Fans des Hamburger Sport-Vereins in den Altonaer Volkspark. Bereits 1925 wurde an dieser Stelle die neue Spielstätte des HSV unter dem Namen „Altonaer Stadion" eingeweiht, obgleich Altona zu dieser Zeit noch nicht zur Stadt Hamburg gehörte. Vor bis zu 40 000 Zuschauern fanden hier Liga- und Länderspiele statt, darunter das Endspiel um die deutsche Meisterschaft 1928, in dem der Hamburger Sport-Verein als Titelgewinner vom Platz ging. Während des Zweiten Weltkriegs wurde das Stadion jedoch fast vollständig zerstört und schon 1952/53 entstand an gleicher Stelle das neue Hamburger Volksparkstadion mit einem Fassungsvermögen von bis zu 80 000 Zuschauern. Unvergessen ist bis heute die Fußball-Weltmeisterschaft 1974. Im Volksparkstadion traf Jürgen Sparwasser für die DDR zum legendären 1 : 0 gegen die Bundesrepublik Deutschland.

Perfekte Freizeitarchitektur So richtig warm wurden die Hamburger mit dem alten Volksparkstadion nie. In der flachen, „seelenlosen" Betonschüssel wollte die richtige Fußballstimmung einfach nicht aufkommen, und außerdem brauchte man schon gute Augen, um das mitunter weit entfernte Treiben auf dem grünen Rasen verfolgen zu können. Die Zuschauerzahlen nahmen ab, die Leere im weiten Rund zu, und so wurde schließlich beschlossen, einen modernen Fußballtempel ohne Leichtathletik-Laufbahn und mit steilen Rängen zu bauen. Bei laufendem Spielbetrieb begann 1998 der schrittweise Abriss der Tribünen. Zudem wurde der Platz um 90 Grad gedreht, sodass die einstige Fankurve im Westen nicht mehr existiert. Seither sammeln sich die treuesten der treuen HSV-Anhänger auf der Nordtribüne. Die neue Arena avancierte sofort zu einer der stimmungsvollsten Spielstätten Deutschlands. Das hanseatische Schmuckkästchen bietet rund 57 000 Zuschauern Platz. 2001 verkaufte der Verein als erster in der Bundesliga die Namensrechte des Stadions, seit Sommer 2015 heißt es aber wieder so, wie es im Volksmund und in den Fangesängen immer geheißen hat.

Tierpark Hagenbeck

Neuer Glanz nach Kriegszerstörung

1913 Schon zu Beginn des 20. Jahrhunderts ist der Hamburger Tierpark Hagenbeck ein beliebtes Ausflugsziel für Jung und Alt. Vor dem prächtigen Eingangsportal stehen die Besucher Schlange, um die neuesten „Sensationen" auf vier Beinen zu bewundern. Die Gründung des Tierparks geht auf das Jahr 1848 zurück, als der Fischhändler Gottfried Clas Hagenbeck (1810–1887) den neugierigen Besuchern bei einer Vorführung im Stadtteil St. Pauli sechs Seehunde präsentierte. In den kommenden Jahren erwarb Hagenbeck immer mehr exotische Tiere aus Übersee und betrieb ein kleines Tierhandelsgeschäft am Spielbudenplatz. 1866 übernahm sein ältester Sohn Carl Gottfried Heinrich Hagenbeck (1844–1913) das Geschäft und baute es Schritt für Schritt zum größten zoologischen Handelshaus der Welt aus. 1907 schließlich eröffnete er in Hamburg-Stellingen den weltweit ersten Tierpark mit gitterlosen Gehegen. Diese Art der Zurschaustellung exotischer Tiere war zur damaligen Zeit ein Novum und wurde für viele Zoos auf der ganzen Welt zum nachahmenswerten Vorbild. In kürzester Zeit avancierte Hagenbecks Tierpark sc zur festen Institution der Hansestadt.

Neue Attraktionen Nach der kompletten Zerstörung im Zweiten Weltkrieg, dem Wiederaufbau und der Erweiterung in der Nachkriegszeit erstrahlt der Tierpark heute wieder in altem Glanz. Zwar wurde 2003 der Haupteingang verlegt, sodass der neue Eingang nahe der U-Bahn-Station Hagenbecks Tierpark heute von einem nepalesischen Pagodentempel geschmückt wird, das historische Elefantenportal am ehemaligen Haupteingang blieb jedoch als Nebeneingang erhalten. Inzwischen befindet sich der Tierpark bereits in sechster Generation in Familienhand und ist damit der einzige Großzoo Deutschlands in Privatbesitz. Etwa 1850 Tiere leben in den Gehegen der 25 Hektar großen Parkanlage mit Elefanten-Freilaufhalle, Pavianfelsen, Bärenplateau, Vogelwiese, Orang-Utan-Haus und vielen weiteren Anlagen. Die neueste Attraktion des hagenbeckschen Zoos ist das 2007 eingeweihte Tropen-Aquarium, in dem 290 verschiedene Wassertierarten präsentiert werden.

Fabrik

Von der Fertigungshalle zur In-Location

1977 Ein trauriger Anblick: Ein Ford Transit steht verloren inmitten der Überreste des abgebrannten Kulturzentrums Fabrik in der Barnerstraße in Hamburg-Ottensen. Lediglich die Außenmauern der einstigen Maschinenfabrik konnten dem Feuer trotzen. Der dreischiffige, 1889 entstandene Hallenbau war lange Jahre Sitz einer Fabrik für Holzbearbeitungsmaschinen. 1971 gründeten der Maler Horst Dietrich und der Architekt Friedhelm Zeuner im historischen Gebäude die „Fabrik", eines der ersten und bekanntesten Kulturzentren des Landes. Die ehemalige Fertigungshalle mit ihrem kirchenschiffartigen Innenraum war bis zur Brandkatastrophe der architektonisch beeindruckende Rahmen für Konzerte und zahlreiche Stadtteilprojekte.

„Kultur für alle" Schon bald nach dem Brandunglück wurde das Kulturzentrum nach altem Vorbild wiederaufgebaut und konnte schon im Jahr 1979 eröffnet werden. Gleich zweifach fällt die Fabrik an der Barnerstraße seitdem heute ins Auge: zum einen aufgrund ihres auffälligen, rosafarbenen Anstrichs, zum anderen wegen des unübersehbaren alten Lastkrans, der das Gebäude hoch überragt. Als Ensemble bilden Kran und Fabrikhalle ein Denkmal der Industriekultur. Heute ist die Fabrik wieder eine angesagte Hamburger Veranstaltungshalle mit außergewöhnlichem Charakter, in der bis zu 1200 Leute Platz finden. Seit den 1970er-Jahren ist hier das Motto „Kultur für alle" Programm. Hier finden Lesungen und Theateraufführungen statt. Vor allem ist die Fabrik heute aber als Schauplatz von Musikkonzerten bekannt. Künstler wie Dizzie Gillespie, Miles Davis, Miriam Makeba oder Chris de Burgh haben schon in der ehemaligen Fabrikhalle auf der Bühne gestanden.

Elbtunnel

„Trude" gräbt für die Verkehrsentlastung

1975 Nach siebenjähriger Bauzeit eröffnete Bundeskanzler Helmut Schmidt am 10. Januar 1975 den längsten Unterwassertunnel des europäischen Kontinents. Das Bauwerk bestand aus drei Röhren, brachte es einschließlich der Rampen auf eine Länge von 3325 Metern und führte den Verkehr in bis zu 27 Metern Tiefe unter der Elbe hindurch. Vor der offiziellen Inbetriebnahme des Elbtunnels nahm die neue Tunnelbetriebszentrale ihren Dienst auf. An 45 Monitoren überwachten seitdem Mitarbeiter der Zentrale den Verkehr der sechsspurigen Elbunterführung auf der Autobahn A 7 zwischen Hamburg-Othmarschen und Waltershof.

Hightech unter der Elbe Um das Nadelöhr an der A 7 zu entlasten, wurde der Bau einer vierten Elbtunnelröhre beschlossen – erneut ein technisch anspruchsvolles Unterfangen. Die weltweit größte Schildvortriebsmaschine „Trude" (eine Abkürzung für „Tief runter unter die Elbe") musste sich knapp drei Kilometer unter dem Fluss hindurchbohren. Am 27. Oktober 2002 wurde die 3096 Meter lange Röhre schließlich eröffnet. Mit deren Inbetriebnahme und dem wachsenden Verkehrsaufkommen ist die Tunnelbetriebszentrale heute unerlässlicher denn je. Je nach Verkehrssituation reguliert sie rund um die Uhr durch Öffnung oder Sperrung der Röhren den Verkehr und kann sich im Notfall sogar direkt in den Verkehrsfunk des Radios einschalten.

Schanzenviertel

Eine marode Altbaugegend trotzt dem Abriss

1977 Im sogenannten Schanzenviertel bieten die in einem heruntergekommenen Hinterhof spielenden Kinder vor dem Hintergrund sanierungsbedürftiger Wohnhäuser einen geradezu bemitleidenswerten Anblick. Zu dieser Zeit ist das Schanzenviertel, von den Hamburgern auch schlicht Schanze genannt, noch kein eigener Stadtteil – man spricht stattdessen von einem Quartier. Vor allem Studenten und die alternative Szene, die die Hauswände zu Publikationsflächen für öffentliche Meinungsbekundungen umfunktioniert hat, entdecken die günstige Wohngegend für sich. Ende der 1970er-Jahre gilt die heruntergekommene Altbaugegend als sozialer Brennpunkt. Die Stadt beginnt mit dem Abriss, stellenweise auch mit der Sanierung einiger Teile des Viertels. „Stadterneuerung in kleinen Schritten" nennt die Hamburger Baubehörde das neuartige Sanierungsmodell für die Wohnquartiere der Schanze. Um den alternativen Charakter des Viertels und den günstigen Wohnraum zu erhalten, kämpfen die Bewohner gegen die Abrissprojekte; bekanntestes Beispiel hierfür ist die Besetzung der Roten Flora am Schulterblatt, die zu einem Musicaltheater werden sollte, durch die alternative linke Szene.

Auf dem Weg zum Szenetreff Obwohl sich das Schanzenviertel heute gewandelt hat und längst nicht mehr nur heruntergekommene Altbauten die Szenerie dominieren, bleibt die „Schanze" berühmt-berüchtigt. Im Sommer 2007 kam es hier zu militanten Auseinandersetzungen zwischen den Gegnern des G8-Gipfels in Heiligendamm und der Polizei. Das Viertel rund um Schulterblatt, Bartel- und Schanzenstraße ist allerdings inzwischen „trendy", junge Erwachsene bewohnen die beliebten Altbauwohnungen. Man kauft in kleinen alternativen Läden, wählt links und lebt ein multikulturelles Miteinander. Mit privaten Initiativen, dem „Modell Schanzenstraße" für alternatives Wohnen und der Sanierung alter Bausubstanz wird sich in naher Zukunft in diesem Quartier sicher noch einiges tun.

Rote Flora

Ein Theater „sieht rot"

1988 Genau ein Jahrhundert liegt 1988 die Eröffnung des Tivoli-Theaters zurück. Vernachlässigt und als Billig-Kaufhaus zweckentfremdet lässt sich die einstige Popularität des historischen Theatergebäudes im Hamburger Schanzenviertel nur noch erahnen. 1888 öffnete die Spielstätte am Schulterblatt 71, zunächst unter dem Namen „Concerthaus Flora" und schließlich als Flora-Theater. Hier wurden Konzerte, Operetten und später auch Varieté-Vorstellungen aufgeführt. Als mit der Wiedereröffnung nach dem Zweiten Weltkrieg, den das Gebäude nahezu unversehrt überstanden hatte, weder Varieté noch Kino den nötigen Zuspruch fanden, zog hier 1964 der Discountmarkt „1000 Töpfe" ein. Nach dem Willen der Stadt sollte die Flora ab 1987 zu einem Musical-Theater umgebaut werden. Die alternative Szene der Gegend fürchtete um den ursprünglichen subkulturellen Charakter ihres Wohnviertels und steigende Mieten und stellte sich gegen die Pläne. Den Abriss des größten Teils des historischen Flora-Theaters im April 1988 hatten sie nicht verhindern können. Lediglich der Eingangsbereich blieb erhalten. Um diesen wurde nun mit zahlreichen Aktionen und der Besetzung des Gebäudes gekämpft. Nach dem erfolgreichen Widerstand fand das Musicaltheater in der 1990 errichteten Neuen Flora am Holstenplatz einen neuen Standort. Das historische Gebäude im Schanzenviertel wird seitdem als kultureller und politischer Treffpunkt „Rote Flora" genutzt.

Zweitbesetzung Schon etwas heruntergekommen und baufällig wirkt das nach einem Brand im November 1995 von den Besetzern instand gesetzte Gebäude mit seinen immer wechselnden, selbst gestalteten politischen Plakaten heute. Und noch immer erzeugt die Politik rund um die Rote Flora Konflikte: Am Abend des 9. Mai 2007 versammeln sich über 2000 Demonstranten der linken Szene, um gegen die morgendliche Razzia von Polizei und Bundesanwaltschaft gegen militante Gegner des G8-Gipfels in Heiligendamm zu protestieren. Da unter Terrorverdacht stehende Beschuldigte sich auch in der Roten Flora getroffen haben sollen, sollte die vierstündige Durchsuchung, bei der auch Computer, Drucker, Faxgeräte und zahlreiche Dokumente beschlagnahmt wurden, zur Sicherstellung möglichen Beweismaterials dienen. Die Aktion, die von den Demonstranten als Kriminalisierung von G8-Protesten gewertet wurde, wird im Januar 2008 vom Bundesgerichtshof nachträglich für rechtswidrig erklärt.

Moorweide

Ein Park im politischen Wandel

1966 Dicht drängen sich auf der Moorweide im Stadtteil Rotherbaum die Hamburger, um den Ausführungen eines Redners zu lauschen. Seit dem 1. Februar 1966 fanden unter den alten Kastanien des Hamburger Parks vis-a-vis des Dammtor Bahnhofs nach dem Vorbild der Londoner Hyde Park Corner „Meckerstunden" für Laienredner statt. Da die Reden jedoch nur wenig Resonanz fanden, wurde das Spektakel schon bald eingestellt. Schon in den 1920er- und 1930er-Jahren gab es auf der ehemals sumpfigen Weide vor dem damaligen Dammtor, auf der die Stadtbevölkerung einst ihr Vieh grasen ließ, politische Veranstaltungen verschiedenster Couleur, darunter die Maifeiern der KPD und die Aufmärsche der Nationalsozialisten. Im Dritten Reich war die Moorweide Sammelplatz für die Hamburger Bürger jüdischen Glaubens im Zuge der nationalsozialistischen Verfolgung und Ausgangspunkt für die Deportation in die Konzentrationslager.

Platz der Erinnerung Ein Mitarbeiter des Hamburger Gartenbauamtes kämpft sich im Herbst durch die Laubmassen der schönen alten Bäume des Parks. Seit 1989 trägt die sogenannte Kleine Moorweide vor dem Logenhaus den Namen „Platz der Jüdischen Deportierten". Von hier aus wurden in der Zeit des Nationalsozialismus mindestens 3200 jüdische Mitbürger in die Vernichtungslager gebracht. Heute weist eine Gedenktafel auf die Geschichte des Platzes hin. Auf dem westlichen Teil der Moorweide stehen mittlerweile zum Teil Universitätsgebäude, weshalb der Park den Studenten der benachbarten Institute im Sommer als beliebte Sport- und Freizeitfläche dient. Zudem nehmen hier zuweilen immer noch politische Kundgebungen ihren Anfang. Und auch in kulturellem Rahmen wird die Moorweide genutzt: Im Sommer 2003 wurden auf dem Platz Teile der weltberühmten Terrakotta-Armee des ersten chinesischen Kaisers in originalgetreuer Nachbildung ausgestellt.

Flughafen Fuhlsbüttel

Von der Luftschiffhalle zum Airport

1955 Fast beschaulich wirkt 1955 die Szene auf dem Rollfeld des Flughafens Hamburg-Fuhlsbüttel. Dabei war das Verkehrs- und Passagieraufkommen zu dieser Zeit bereits beträchtlich: 80 000 Flugzeuge, 130 000 Tonnen Fracht und 1,4 Millionen Passagiere wurden auf dem ältesten Flughafen Deutschlands abgefertigt. Bereits 40 Jahre zuvor hatte der Luftfahrtpionier Ferdinand Graf von Zeppelin (1838–1917) Hamburg besucht und für die Luftschifffahrt geworben. Ein geeignetes Gelände für den Flugplatz wurde nördlich der Altstadt in Fuhlsbüttel ausfindig gemacht. Trotz militärischer Nutzung im Zweiten Weltkrieg blieb Fuhlsbüttel von Bombardements verschont. Aufgrund von Fluglärmbelastung und langfristig unzureichender Landebahnkapazitäten wurden seit Mitte der 1960er-Jahre Pläne zur Verlegung des Flughafens nach Kaltenkirchen diskutiert.

Giganten der Lüfte Nach einem Begrüßungsflug über der Hansestadt landet der Airbus A 380 am 16. September 2007 unter den Blicken Tausender Schaulustiger erstmals in Hamburg-Fuhlsbüttel. Der Airbus ist als erster Flieger mit zwei Passagierdecks über die gesamte Länge des Rumpfs das größte Passagierflugzeug der Welt. Anlass für den Besuch des Megajets, der die Hansestadt nicht im Linienverkehr anfliegen wird, sind die Airport Days in der Hansestadt, die zu den größten Flughafenveranstaltungen Europas zählen. In diesem Rahmen können die Besucher Flugzeuge und Jets aus fast 100 Jahren Luftfahrtgeschichte bewundern. Hamburg-Fuhlsbüttel ist heute der viertgrößte Airport Deutschlands und zählt zu den modernsten Flughäfen Europas.

Rennbahn Horn

Publikumswandel beim Deutschen Derby der Hansestadt

1955 Das Deutsche Derby lockte 1955 wie jedes Jahr am ersten Sonntag im Juli rund 50 000 pferdebegeisterte Zuschauer auf die Rennbahn nach Hamburg-Horn. In diesem Jahr wurden die Zuschauer Zeugen eines besonderen Rennausgangs: Es siegte die Stute Lustige mit Jockey Albert Klimscha. Erst 42 Jahre später wird mit Borgia wieder eine Stute das Rennen für sich entscheiden. Das erste deutsche Galopp-Derby – damals noch Norddeutsches Derby genannt – fand 1869 nach englischem Vorbild statt. Das Rennen der besten dreijährigen Vollblüter, das über 2400 Meter Rennstrecke führt, ist somit eines der ältesten Pferderennen außerhalb Großbritanniens und bis zum heutigen Tag eines der bedeutendsten Pferdesport-Ereignisse weltweit. Mit dem Derby hielt auch der traditionelle englische Derby-Dresscode Einzug in Hamburg-Horn. Das Sehen und Gesehenwerden war schon damals mindestens ebenso wichtig wie das Galoppspektakel.

Gut betucht, gewagt behütet Bis heute steht der Stadtteil Horn einmal im Jahr Kopf. Modisch inzwischen mutiger, die Kleidung bunter und die Hüte gewagter strömen die Galopprennsport-Freunde zur Derby-Woche. An sieben Tagen geht es in rund 70 Rennen um Sieg oder Platz. Weder unter den Vier- noch unter den Zweibeinern darf hier, beim wichtigsten Galopprennereignis des Landes, die Prominenz fehlen. Blitzlichtverwöhnte VIPs verfolgen das Renngeschehen von den Tribünen aus, junge Familien beobachten das Ereignis aufgeregt auf ihren Picknickdecken. Sobald sich die Pferde dem Zieleinlauf nähern, hält es jedoch keinen mehr auf seinem Platz: Die Menge fiebert atemanhaltend und jubelnd dem Sieger entgegen. Sportlicher Höhepunkt des Derbys ist das hoch dotierte Rennfinale, in dem es darum geht, welches der Pferde in die Annalen des Galopprennsports eingeht.

Register

Bildnachweis

Für die Bereitstellung von Bildmaterial zur Verwendung in diesem Buch dankt der Verlag der Bildagentur picture alliance.

Seite 2 picture-alliance/dpaweb/Kay Nietfeld **6** picture-alliance/Bildagentur Huber/Gräfenhain **8** picture-alliance/dpa/Carsten Rehder **10** picture-alliance/dpa/Bertram **11** picture-alliance/Bildagentur Huber/Lubenow **12** picture-alliance/dpa **13** picture-alliance/ZB/Sören Stache **14** picture-alliance/akg-images **15** picture-alliance/Bildagentur Huber/Gräfenhain **16** picture-alliance/dpa **17** picture-alliance/dpa/Axel Heimken **18** picture-alliance/akg-images/PB **19** picture-alliance/dpa/Jens Ressing **20** picture-alliance/akg-images/PB **21** picture-alliance/dpa/Ulrich Perrey **22** picture-alliance/dpaweb/Kay Nietfeld **24** picture-alliance/Bildagentur Huber/R. Schmid **25** picture-alliance/dpa/Kay Nietfeld **26** picture-alliance/dpa/DB Cornelia Gus **27** picture-alliance/Bildagentur Huber/Gräfenhain **28** picture-alliance/dpa/Cornelia Gus **29** picture-alliance/Bildagentur Huber/Gräfenhain **30** picture-alliance/akg-images/PB **31** picture-alliance/dpa/Jens Ressing **32** picture-alliance/dpa/Lothar Heidtmann 33 picture-alliance/dpa/Jens Ressing **34** picture-alliance/akg-images **35** picture-alliance/dpa/Ulrich Perrey **36** picture-alliance/dpa/Blohm + Voss **37** picture-alliance/dpaweb/Maurizio Gambarini **39o** picture-alliance/akg-images **39u** picture-alliance/dpaweb/Kay Nietfeld **40** picture-alliance/akg-images **41** picture-alliance/dpaweb/Kay Nietfeld **42** picture-alliance/dpa/Werner Baum **43** picture-alliance/HB-Verlag **44** picture-alliance/dpa/Lothar Heidtmann **45** ©dpa **46** picture-alliance/akg-images **47** ©dpa **48** picture-alliance/united-archives **49** picture alliance/blickwinkel **50** picture-alliance/dpa **51** picture-alliance/dpa/Kay Nietfeld **52** picture-alliance/akg-images **53** picture-alliance/Bildagentur Huber/Gräfenhain **54** picture-alliance/dpa/Lothar Heidtmann **55** picture-alliance/dpa/Ulrich Perrey **56** picture-alliance/akg-images/Paul Almasy **57** picture-alliance/dpa/Jens Ressing **58** picture-alliance/dpa/Werner Baum **59** picture-alliance/dpaweb/Maurizio Gambarini **60** picture-alliance/dpa/Wulf Pfeiffer **61** pic-ture-alliance/dpaweb/Gero Breloer **62** picture-alliance/dpa **63** picture-alliance/dpa/Ulrich Perrey **64** picture-alliance/dpa **65** picture-alliance/dpa/Ulrich Perrey **66** picture-alliance/dpa/Sebastian Widmann **68** picture-alliance/dpa/Herold **69** picture-alliance/chromorange/M. Stolt **70** picture-alliance/dpa/Lothar Heidtmann **71** picture-alliance/dpa/Jens Ressing **72** picture-alliance/dpa/Carsten Rehder **73** picture-alliance/dpa/Jens Ressing **74** picture-alliance/dpa/Günter Zint **75** picture-alliance/dpa/Ulrich Perrey **76** picture-alliance/dpa/Ulrich Perrey **77** picture-alliance/dpaweb/Maurizio Gambarini **78** picture-alliance/akg-images **79o** picture-alliance/dpa/Werner Baum **79u** picture-alliance/dpa/Kay Nietfeld **80** picture-alliance/dpa/Carsten Rehder **81** picture-alliance/dpaweb/Hinrich Bäsemann **82** picture-alliance/kpa/Euroluftbild **84** picture-alliance/akg-images/PB **85** picture-alliance/dpa/Jens Ressing **86** picture-alliance/akg-images **87** picture-alliance/Bildagentur Huber/Gräfenhain **88** picture-alliance/dpa **89** picture-alliance/dpaweb/Maurizio Gambarini **90** picture-alliance/dpa/Georg Spring **91** picture-alliance/dpa/Axel Heimken **92** picture alliance **93** picture alliance/Arco Images GmbH **94** picture-alliance/dpa **95** picture-alliance/dpa/Jens Ressing **96** picture-alliance/dpa/Rolf Kruse **97** picture-alliance/Bildagentur Huber/Gräfenhain **98** picture-alliance/akg-images/PB **99** picture-alliance/dpaweb/Maurizio Gambarini 100 picture-alliance/dpa/DB **101** picture-alliance/dpa/Sören Stache **102** picture-alliance/dpa/Stefan Hesse **103** picture-alliance/HB-Verlag **104** picture-alliance/akg-images/PB **105** picture alliance/blickwinkel **106** picture-alliance/akg-images/PB **107** picture-alliance/dpa/Jens Ressing **108** picture-alliance/akg-images/PB **109** picture-alliance/dpa/Jens Ressing **110** picture-alliance/dpa/Dieter Klar **111** picture-alliance/Okapia/Fritz Mader **112** picture-alliance/akg-images/PB **113** picture-alliance/dpa/Ulrich Perrey **114** picture-alliance/dpa **115** picture-alliance/Bildagentur Huber/Gräfenhain **116** picture-alliance/dpa **117** picture-alliance/dpa/Jens Ressing **118** picture-alliance/akg-images **119** picture-alliance/dpa/Ulrich Perrey **120** picture-alliance/akg-images/PB **121** picture-alliance/dpa/Ulrich Perrey **122** picture-alliance/akg-images/PB **123** ©dpa **124** picture-alliance/akg-images/PB **125** picture-alliance/dpa/Ulrich Perrey **126** picture-alliance/Imagno **127** picture-alliance/dpa/Ulrich Perrey **128** picture-alliance/akg-images **129** picture-alliance/dpa/Kay Nietfeld **130** picture-alliance/dpa/Gerd Herold **131** picture-alliance/dpa/Maurizio Gambarini **132** picture-alliance/dpa **133** picture-alliance/dpa/Ulrich Perrey **134** picture-alliance/HB-Verlag/Mike Schröder **136** picture-alliance/akg-images **137** picture-alliance/dpa/Ulrich Perrey **138** picture-alliance/Bildarchiv Pisarek/akg-images **139** picture-alliance/dpa/Jens Ressing **140** picture-alliance/dpa/Werner Baum **141** picture-alliance/dpaweb/Ulrich Perrey **142** picture-alliance/akg-images/PB **143** picture-alliance/Hb-Verlag/Mike Schröder **144** picture-alliance/dpa/DB Cornelia Gus **145** picture-alliance/dpa/Carsten Rehder **146** picture-alliance/dpa/Lothar Heidtmann **147** picture-alliance/dpa/Sören Stache **148** picture-alliance/dpa/DB Cornelia Gus **149** picture-alliance/dpa Themendienst/Jens Becker **150** picture-alliance/dpa/DB Carsten Rehder **151** picture-alliance/dpa/Kay Nietfeld **152** picture-alliance/dpa **153** picture-alliance/dpa/Kay Nietfeld **154** picture-alliance/dpa/Herold **155** picture-alliance/dpa/Wolfgang Langenstrassen **156** picture-alliance/dpa/DB **157** picture-alliance/dpaweb/Ulrich Perrey

Verlag und Redaktion bedanken sich ganz besonders bei Tanja Göbl und Ellen Hansmann für die unermüdliche Unterstützung bei der Bildredaktion zu diesem Buch.